MEISTROLI MATHEMATEG

AR GYFER
CBAC TGAU

Ymarfer • Atgyfnerthu • Gwneud cynnydd

Ymgynghorydd Asesu a Golygydd: **Keith Pledger**

Keith Pledger, Gareth Cole, Joe Petran a Linda Mason

Golygydd y Gyfres: Roger Porkess

HODDER
EDUCATION
AN HACHETTE UK COMPANY

Llyfr Ymarfer Meistroli Mathemateg ar gyfer TGAU CBAC: Canolradd
Addasiad Cymraeg o *Mastering Mathematics for WJEC GCSE Practice Book: Intermediate* a gyhoeddwyd yn 2016 gan Hodder Education

Ariennir yn Rhannol gan
Lywodraeth Cymru
Part Funded by
Welsh Government

Cyhoeddwyd dan nawdd Cynllun Adnoddau Addysgu a Dysgu CBAC

Mae'r deunydd hwn wedi'i gymeradwyo gan CBAC ac mae'n cynnig cefnogaeth ar gyfer cymwysterau CBAC. Er bod y deunydd wedi bod trwy broses sicrhau ansawdd CBAC, mae'r cyhoeddwr yn dal yn llwyr gyfrifol am y cynnwys.

Cydnabyddiaeth ffotograffau

t.7 © scanrail – 123RF; **t.129b** © zuzule – Fotolia; **t.129g** © Syda Productions – Fotolia; **t.130** © Stanislav Halcin – Fotolia; **t.142** © Ingram Publishing – Thinkstock/Getty Images; **t.143** © Lana Langlois – 123RF.

Ymdrechwyd i sicrhau bod cyfeiriadau gwefannau yn gywir adeg mynd i'r wasg, ond ni ellir dal Hodder Education yn gyfrifol am gynnwys unrhyw wefan a grybwyllir yn y llyfr hwn. Mae weithiau yn bosibl dod o hyd i dudalen we a adleolwyd trwy deipio cyfeiriad tudalen gartref gwefan yn ffenestr LlAU (*URL*) eich porwr.

Archebion: cysylltwch â Bookpoint Ltd, 130 Milton Park, Abingdon, Oxon OX14 4SB. Ffôn: (44) 01235 827720. Ffacs: +44 (0)1235 400454. Mae'r llinellau ar agor 9.00a.m.–5.00p.m., dydd Llun i ddydd Sadwrn, ac mae gwasanaeth ateb negeseuon 24-awr. Ewch i'n gwefan www.hoddereducation.co.uk

Cyhoeddwyd gyntaf yn 2016 gan

Hodder Education

An Hachette UK Company

Carmelite House

50 Victoria Embankment

London EC4Y 0DZ

Rhif yr argraffiad	5	4	3	2	1
Blwyddyn	2021	2020	2019	2018	2017

Llun y clawr © ShpilbergStudios

Darluniau gan Integra

Cysodwyd yn India gan Integra Software Services Pvt. Ltd., Pondicherry

Argraffwyd yn y DU gan CPI Group (UK) Ltd, Croydon CR0 4YY

Mae cofnod catalog ar gyfer y teitl hwn ar gael gan y Llyfrgell Brydeinig.

ISBN 9781510415690

Cynnwys

■ Mae unedau â'r symbol hwn yn ofynnol ar gyfer TGAU Mathemateg yn unig.

RHIF

Llinyn 2 Defnyddio ein system rifau

Llinyn 3 Manwl gywirdeb

Llinyn 4 Ffracsiynau

Llinyn 5 Canrannau

Llinyn 6 Cymarebau a chyfrannedd

Llinyn 7 Priodweddau rhif

ALGEBRA

Llinyn 1 Dechrau algebra

Llinyn 2 Dilyniannau

Llinyn 3 Ffwythiannau a graffiau

Llinyn 4 Dulliau algebraidd

Llinyn 5 Gweithio gyda mynegiadau cwadratig

GEOMETREG A MESURAU

YSTADEGAETH A THEBYGOLRWYDD

Llinyn 1 Mesurau ystadegol

Llinyn 2 Diagramau ystadegol

Llinyn 3 Casglu data

Llinyn 4 Tebygolrwydd

Sut i gael y gorau o'r llyfr hwn

Cyflwyniad

Mae'r llyfr hwn yn rhan o'r gyfres Meistroli Mathemateg ar gyfer TGAU CBAC ac mae'n cefnogi'r gwerslyfr drwy gynnig llawer o gwestiynau ymarfer ychwanegol ar gyfer haen Ganolradd Mathemateg a Mathemateg – Rhifedd.

Mae'r Llyfr Ymarfer hwn wedi'i strwythuro i gyd-fynd â'r Llyfr Myfyriwr Canolradd ac mae wedi'i drefnu yn yr un modd yn ôl meysydd allweddol y fanyleb: Rhif, Algebra, Geometreg a Mesurau ac Ystadegaeth a Thebygolrwydd. Mae pob pennod yn y llyfr hwn yn mynd gyda'i phennod gyfatebol yn y gwerslyfr, gyda'r un teitlau er mwyn gwneud y llyfr yn hawdd ei ddefnyddio.

Sylwch: mae'r unedau 'Symud Ymlaen' yn y Llyfr Myfyriwr yn ymdrin â gwybodaeth flaenorol yn unig, ac felly does dim penodau cyfatebol yn y Llyfr Ymarfer hwn. Am y rheswm hwn, er bod trefn y Llyfr Ymarfer yn dilyn y Llyfr Myfyriwr, mae rhai rhifau Llinynnau/Unedau heb eu cynnwys, neu efallai nad ydy'r drefn yn dechrau ag '1'.

Symud drwy bob pennod

Mae'r penodau'n cynnwys amrywiaeth o gwestiynau sy'n mynd yn fwy anodd wrth i chi symud drwy'r ymarferion. Mae tair lefel o anhawster ar draws y Llyfrau Myfyriwr a'r Llyfrau Ymarfer yn y gyfres hon. Maen nhw wedi'u dynodi gan smotiau wedi'u tywyllu ar ochr dde pob tudalen.

Anhawster isel

Anhawster canolig

Anhawster uchel

Efallai byddwch chi eisiau dechrau ar ddechrau pob pennod a gweithio drwy bob un er mwyn gallu gweld eich cynnydd.

Mathau o gwestiynau

Hefyd mae pob pennod yn cynnwys amrywiaeth o fathau o gwestiynau, sy'n cael eu dynodi gan y cod i'r chwith o'r cwestiwn neu'r is-gwestiwn lle maen nhw i'w gweld. Enghreifftiau yw'r rhain o'r mathau o gwestiwn y bydd angen i chi eu hymarfer ar gyfer yr arholiad TGAU Mathemateg Canolradd.

YS Ymarfer sgiliau

Mae'r cwestiynau hyn yn ymwneud ag adeiladu a meistroli'r technegau hanfodol mae eu hangen arnoch i lwyddo.

DH Datblygu hyder

Mae'r rhain yn rhoi cyfle i chi ymarfer defnyddio sgiliau ar gyfer amrywiaeth o ddibenion a chyd-destunau, gan gynyddu eich hyder i ymdrin ag unrhyw fath o gwestiwn.

DP Datrys problemau

Mae'r rhain yn rhoi cyfle i chi ymarfer defnyddio sgiliau datrys problemau er mwyn ymdrin â phroblemau mwy anodd yn y byd go iawn, mewn pynciau eraill ac o fewn Mathemateg ei hun. Wrth ymyl unrhyw gwestiwn, gan gynnwys y mathau uchod o gwestiynau, efallai y gwelwch chi'r cod isod hefyd. Mae hyn yn golygu ei fod yn gwestiwn 'dull arholiad'.

DA Dull arholiad

Mae'r cwestiwn hwn yn adlewyrchu iaith, arddull a geiriad cwestiwn y gallech chi ei weld yn eich arholiad TGAU Mathemateg neu TGAU Mathemateg – Rhifedd Canolradd.

Atebion

Gallwch gael atebion i bob cwestiwn sydd yn y llyfr ar ein gwefan.

Ewch i: www.hoddereducation.co.uk/MeistrolimathemategCBAC

Rhif Llinyn 2 Defnyddio ein system rifau Uned 5 Defnyddio'r system rifau yn effeithiol

YS – YMARFER SGILIAU   DH – DATBLYGU HYDER   DP – DATRYS PROBLEMAU   DA – DULL ARHOLIAD

YS 1 Cyfrifwch y canlynol.

a 8400 × 1000	**b** 8400 × 100	**c** 8400 × 10
ch 8400 × 0.1	**d** 8400 × 0.01	**dd** 8400 × 0.001
e 4978 × 1000	**f** 4978 × 100	**ff** 4978 × 10
g 4978 × 0.1	**ng** 4978 × 0.01	**h** 4978 × 0.001

YS 2 Cyfrifwch y canlynol.

a 60 × 0.1	**b** 340 × 0.1	**c** 5400 × 0.01
ch 2230 × 0.01	**d** 690 × 0.001	**dd** 223 × 0.001

YS 3 Cyfrifwch y canlynol.

a 2.1 × 0.1	**b** 6.25 × 0.1	**c** 13.7 × 0.01
ch 245.6 × 0.01	**d** 0.3 × 0.001	**dd** 4.57 × 0.001

YS 4 Cyfrifwch y canlynol.

a 2.1 ÷ 0.1	**b** 6.25 ÷ 0.1	**c** 13.7 ÷ 0.01
ch 245.6 ÷ 0.01	**d** 0.3 ÷ 0.001	**dd** 4.57 ÷ 0.001

DH 5 Ysgrifennwch yr atebion i'r cyfrifiadau hyn yn nhrefn maint, gan ddechrau gyda'r lleiaf.

a 4.8 × 0.1	**b** 3.56 ÷ 0.1	**c** 29.8 × 0.01
ch 75.5 ÷ 0.01	**d** 19.9 × 0.001	**dd** 0.72 ÷ 0.001

DH **6** Darganfyddwch y rhifau coll.

    a $250 \times \square = 25$ **b** $250 \div \square = 25$ **c** $1.98 \times \square = 1980$

    ch $1.98 \div \square = 1980$ **d** $654 \times \square = 6.54$ **dd** $654 \div \square = 6.54$

DP **7** Mae gêm o 'snap' mathemategol yn defnyddio cardiau fel sydd i'w gweld isod. Defnyddiwch saethau i ddangos pa ddau gerdyn sy'n hafal.

8.88×0.1	88.8×0.001	$8.88 \div 0.1$
a	**b**	**c**

$8.88 \div 0.01$	888×0.1	$888 \div 0.1$
ch	**d**	**dd**

DP **8** Mae'r arwyddbost yn Mathsland yn cynnig pedwar llwybr i chi gyrraedd eich cyrchfan.
Pa un yw'r byrraf?

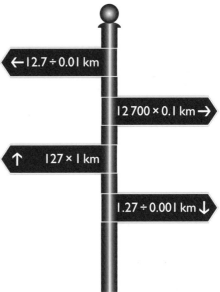

$\leftarrow 12.7 \div 0.01$ km

$12\,700 \times 0.1$ km $\rightarrow$

$\uparrow$ 127×1 km

$1.27 \div 0.001$ km $\downarrow$

DP **9** Dyma rai cyfrifiadau sy'n cynnwys rhifau.

2.56×100	$2.56 \div 100$	2.56×0.1

$2.56 \div 0.001$	2.56×0.001	$2.56 \div 0.1$

Trefnwch nhw yn nhrefn maint o'r mwyaf i'r lleiaf.

Rhif Llinyn 2 Defnyddio ein system rifau Uned 6 Deall y ffurf safonol

YS — YMARFER SGILIAU   **DH** — DATBLYGU HYDER   **DP** — DATRYS PROBLEMAU   **DA** — DULL ARHOLIAD

YS **1** Ysgrifennwch y rhifau canlynol yn y ffurf safonol.

   a 847

   b 84 700

   c 0.000 847

   ch 0.000 000 847

YS **2** Ysgrifennwch y rhifau canlynol yn y ffurf safonol.

   a 620

   b 820 000

   c 20 miliwn

   ch 1 miliynfed

YS **3** Ysgrifennwch y canlynol fel rhifau cyffredin.

   a 8.52×10^2

   b 3.4×10^{-3}

   c 2.02×10^5

   ch 5.762×10^8

   d 4.55×10^{-7}

YS **4** Ysgrifennwch y rhifau canlynol yn y ffurf safonol.

   a 0.003 45

   b 0.000 005 48

   c 0.000 765 4

   ch 0.000 000 234 5

3

DH **5** Ysgrifennwch y rhifau canlynol yn y ffurf safonol.

   a Wyth mil

   b Pedair rhan o bump

   c Chwe rhan o gant

DH **6** Ysgrifennwch y meintiau canlynol yn y ffurf safonol.

   a Y pellter rhwng y Ddaear a'r Haul yw 93 miliwn o filltiroedd.

   b Arwynebedd croen un person yw tua $15\,000\,\text{cm}^2$.

   c Y pellter o'r cyhydedd i Begwn y Gogledd yw $20\,000\,\text{km}$.

   ch Mae tua 400 miliwn o sêr yn y Llwybr Llaethog.

   d Arwynebedd y DU yw $243\,610\,\text{km}^2$.

DH **7** Ysgrifennwch y rhifau canlynol mewn trefn, gan ddechrau gyda'r lleiaf.

   a 4.2×10^{-3}

   b 7.21×10^{-2}

   c 0.09

   ch 8.2×10^{-3}

   d 5.7×10^{2}

   dd 3.6×10^{3}

   e 6.2×10^{2}

   f 0.57

DP **8** Mae'r tabl yn dangos y pellter o'r Haul i sêr cyfagos.

Mae seryddwr yn ymchwilio i'r sêr ac mae angen iddo wneud yn siŵr bod ei restr yn y drefn gywir, gan ddechrau gyda'r sêr sydd agosaf at yr Haul. Dangoswch y rhestr mae angen iddo ei hysgrifennu.

Seren	Pellter o'r Haul (mewn km)
Procyon B	1.08×10^{14}
Seren Barnard	5.67×10^{13}
Proxima Centauri	3.97×10^{13}
Sirius A	8.136×10^{13}
Ross 128	1.031×10^{14}
Wolf 359	7.285×10^{13}
Rigil Kentaurus	4.07×10^{13}
Luyten 726	7.95×10^{13}

Rhif Llinyn 2 Defnyddio ein system rifau Uned 7 Cyfrifo â'r ffurf safonol

YS – YMARFER SGILIAU   DH – DATBLYGU HYDER   DP – DATRYS PROBLEMAU   DA – DULL ARHOLIAD

YS 1 Copïwch a chwblhewch bob un o'r canlynol. Rhowch y rhif coll yn lle pob llythyren.

    a $5.85 \times 10^5 + 2.35 \times 10^5 = a \times 10^5$

    b $1.97 \times 10^{-3} + 2.8 \times 10^{-3} = b \times 10^{-3}$

    c $7.09 \times 10^7 - 6.3 \times 10^7 = c \times 10^7$

    ch $9.4 \times 10^{-5} + 9.4 \times 10^{-5} = d \times 10^{-4}$

YS 2 Cyfrifwch y canlynol, gan roi eich atebion yn y ffurf safonol.

    a $100 \times 1.8 \times 10^6$ **b** $1000 \times 9.3 \times 10^7$

    c $10\,000 \times 2.7 \times 10^{-2}$ **ch** $5.3 \times 10^7 \div 1000$

    d $1.03 \times 10^3 \div 10\,000$ **dd** $1.2 \times 10^{-4} \div 100$

DH 3 O wybod bod $x = 3.5 \times 10^5$, $y = 1.8 \times 10^2$ a $z = 2 \times 10^{-3}$, cyfrifwch werth y canlynol. Rhowch eich atebion yn y ffurf safonol.

    a xy **b** $\frac{x}{z}$

    c x^2 **ch** z^3

    d xyz **dd** x^{-3}

DH 4 Defnyddiwch y wybodaeth yn y tabl i ateb y canlynol. Rhowch eich atebion yn y ffurf safonol.

1 cilowat = 10^3 wat
1 megawat = 10^6 wat
1 gigawat = 10^9 wat
1 terawat = 10^{12} wat

    a   Newidiwch 230 gigawat yn watiau.

    b   Newidiwch 0.25 gigawat i fod yn nhermau cilowatiau.

    c   Newidiwch 125 cilowat i fod yn nhermau megawatiau.

    ch Newidiwch 18 500 megawat i fod yn nhermau terawatiau.

DH **5** Màs morfil glas yw 1.9×10^5 kg.

Màs llygoden y tŷ yw 1.9×10^{-2} kg.

Sawl gwaith yn fwy na màs llygoden y tŷ yw màs morfil glas?

DH **6** Mae gwyddonwyr yn amcangyfrif:

- bod tua 100 biliwn galaeth yn y bydysawd arsylladwy a
- bod pob galaeth yn cynnwys, ar gyfartaledd, 300 biliwn o sêr.

Cyfrifwch amcangyfrif ar gyfer cyfanswm nifer y sêr yn y bydysawd arsylladwy. Rhowch eich ateb yn y ffurf safonol.

(1 biliwn = 10^9)

DH **DA** **7** Mae'r tabl yn rhoi gwybodaeth am nifer y litrau o ddŵr sy'n cael eu defnyddio gan ffatri am saith diwrnod.

Dydd Llun	Dydd Mawrth	Dydd Mercher	Dydd Iau	Dydd Gwener	Dydd Sadwrn	Dydd Sul
9.32×10^5	9.85×10^5	1.02×10^6	9.93×10^5	1.18×10^6	1.05×10^6	9.66×10^5

Cyfrifwch y maint cymedrig o ddŵr mae'r ffatri yn ei ddefnyddio bob dydd. Rhowch eich ateb mewn litrau, yn y ffurf safonol.

DH **8** $x = 4.5 \times 10^4$

Ar gyfer pob un o'r canlynol, rhowch eich ateb yn y ffurf safonol yn gywir i bedwar lle degol.

a Cyfrifwch

i x^3 **ii** $\sqrt[3]{x}$ **iii** $\dfrac{1}{x}$.

b Pa rif sy'n hanner ffordd rhwng x a $\sqrt{x}$?

DP **DA** **9** Buanedd golau yw tua 3×10^8 m/s a phellter y Ddaear o'r Haul yw tua 1.5×10^{11} m.

Sawl eiliad, yn fras, mae'n ei gymryd i olau deithio o'r Haul i'r Ddaear?

DP **DA** **10** Mae'r diagram yn dangos cylch wedi'i luniadu y tu mewn i sgwâr.

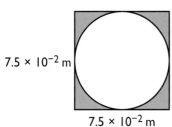

7.5×10^{-2} m

7.5×10^{-2} m

Cyfrifwch arwynebedd y rhan sydd wedi'i thywyllu, mewn m². Rhowch eich ateb yn y ffurf safonol yn gywir i 3 ffigur ystyrlon.

Rhif Llinyn 3 Manwl gywirdeb
Uned 5 Brasamcanu

YS YMARFER SGILIAU DH DATBLYGU HYDER DP DATRYS PROBLEMAU DA DULL ARHOLIAD

YS **1** Cyfrifwch amcangyfrif ar gyfer yr atebion i'r cyfrifiadau canlynol. ● ○ ○

    a $8.87 + 98.35 - 5.08$

    b 6.9×9.2

    c $210.7 \div 6.89$

    ch 18.9^2

    d $\sqrt{99.54}$

    dd $\dfrac{29.7 \times 81.5}{0.529}$

YS **2** Mae pecyn o fatris yn costio £1.95. ● ○ ○
Pa un o'r symiau canlynol sy'n rhoi amcangyfrif synhwyrol ar gyfer cost 5 pecyn o'r batris hyn?

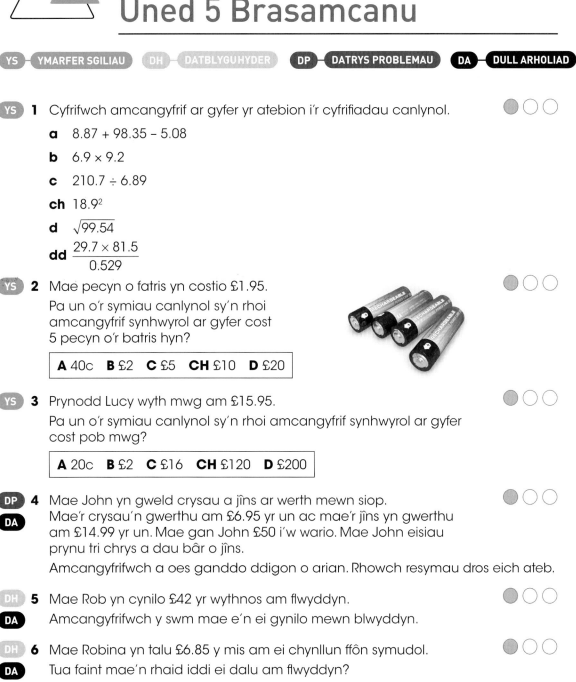

    A 40c **B** £2 **C** £5 **CH** £10 **D** £20

YS **3** Prynodd Lucy wyth mwg am £15.95. ● ○ ○
Pa un o'r symiau canlynol sy'n rhoi amcangyfrif synhwyrol ar gyfer cost pob mwg?

    A 20c **B** £2 **C** £16 **CH** £120 **D** £200

DP **DA** **4** Mae John yn gweld crysau a jîns ar werth mewn siop. ● ○ ○
Mae'r crysau'n gwerthu am £6.95 yr un ac mae'r jîns yn gwerthu am £14.99 yr un. Mae gan John £50 i'w wario. Mae John eisiau prynu tri chrys a dau bâr o jîns.
Amcangyfrifwch a oes ganddo ddigon o arian. Rhowch resymau dros eich ateb.

DH **DA** **5** Mae Rob yn cynilo £42 yr wythnos am flwyddyn. ● ○ ○
Amcangyfrifwch y swm mae e'n ei gynilo mewn blwyddyn.

DH **DA** **6** Mae Robina yn talu £6.85 y mis am ei chynllun ffôn symudol. ● ○ ○
Tua faint mae'n rhaid iddi ei dalu am flwyddyn?

DP
DA
7 Dyma ran o'r bil trydan sydd gan Harry. Mae'n dangos yr unedau roedd ef wedi'u defnyddio yn ystod mis Mai.

Mae Harry wedi cynilo £65 i dalu'r bil hwn. Amcangyfrifwch a yw wedi cynilo digon. Eglurwch eich ateb.

Electricity 4us	
Mr H Styles 12 Heol Isaf	4 Mehefin
Darlleniad diwedd mis Mai	5396
Darlleniad diwedd mis Ebrill	4979
Unedau wedi'u defnyddio	417
Cost yr uned	9.5 ceiniog
Tâl misol	£19.50

DH **8** Mae Becky yn gyrru pellter o 295 o filltiroedd mewn 5 awr 14 munud. Amcangyfrifwch ei buanedd cyfartalog mewn milltiroedd yr awr.

DH **9** Mae Liam yn cynilo 5% o'i gyflog bob mis am 5 mlynedd. Ei gyflog misol cyfartalog yw £1025.

Amcangyfrifwch faint o arian mae Liam wedi'i gynilo yn y 5 mlynedd.

DH **10** Mae Rachel yn cymryd 2 awr 10 munud y dydd i deithio i'r gwaith ac o'r gwaith. Mae hi'n gweithio 5 dydd yr wythnos am 48 wythnos y flwyddyn.

Amcangyfrifwch faint o oriau mae Rachel yn eu treulio yn teithio mewn blwyddyn.

DP **11** Mae Rodney yn prynu eitemau mewn sêl cist car ac yn eu gwerthu ar wefan ar y rhyngrwyd. Dyma'r eitemau roedd ef wedi eu prynu a'u gwerthu yr wythnos diwethaf.

Darganfyddwch amcangyfrif ar gyfer cyfanswm elw Rodney yr wythnos diwethaf.

Eitem	Prynu am	Gwerthu am
Dol	£9.99	£21.65
Jigso	£5.05	£2.95
Camera	£15.75	£39.85
Gêm gyfrifiadur	£4.99	£21.06
Addurn tsieni	£5.00	£99.99

DP
DA
12 Mae Airi yn berchen ar ffatri sy'n gwneud teganau plastig. Mae'r ffatri'n gwneud 395 o deganau yr awr. Dydy 10% o'r teganau ddim yn berffaith. Mae'r teganau perffaith yn cael eu rhoi i mewn i fagiau. Yna mae'r bagiau'n cael eu pacio i mewn i gartonau. Mae pob carton yn dal 48 bag. Mae'r ffatri'n gwneud teganau am 8 awr 5 munud bob dydd.

Amcangyfrifwch nifer y cartonau sy'n angenrheidiol bob dydd. Rhaid i chi ddangos eich holl waith cyfrifo.

Rhif Llinyn 3 Manwl gywirdeb
Uned 6 Ffigurau ystyrlon

YS — YMARFER SGILIAU   DH — DATBLYGU HYDER   DP — DATRYS PROBLEMAU   DA — DULL ARHOLIAD

YS **1** Ysgrifennwch y nifer o ffigurau ystyrlon sydd ym mhob un o'r rhifau canlynol.

  a 2.75

  b 507

  c 0.0045

  ch 1009

  d 0.0306

  dd 1.0

YS **2** Ysgrifennwch y rhifau canlynol i ddau ffigur ystyrlon.

  a 2.75

  b 507

  c 0.004 53

  ch 1009

  d 0.0306

  dd 1.02

YS **3** Ysgrifennwch y rhif 2 367 450 yn gywir i

  a tri ffigur ystyrlon

  b un ffigur ystyrlon

  c dau ffigur ystyrlon.

YS **4** Ysgrifennwch y rhif 0.399 99 yn gywir i

  a tri ffigur ystyrlon

  b un ffigur ystyrlon

  c dau ffigur ystyrlon.

DP **5** Aeth 17 845 o bobl i gyngerdd awyr agored mewn parc.

    a Roedd y papur newydd lleol wedi rhoi'r nifer oedd yn bresennol i dri ffigur ystyrlon. Ysgrifennwch y nifer oedd yn bresennol i dri ffigur ystyrlon.

    b Roedd yr orsaf radio leol wedi rhoi'r nifer oedd yn bresennol i ddau ffigur ystyrlon. Ysgrifennwch y nifer oedd yn bresennol i ddau ffigur ystyrlon.

    c Roedd y gohebydd teledu lleol wedi rhoi'r nifer oedd yn bresennol i un ffigur ystyrlon. Ysgrifennwch y nifer oedd yn bresennol i un ffigur ystyrlon.

DP **6** Y fformiwla ar gyfer cyfrifo arwynebedd elips yw πab.

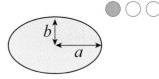

    a Gan ddefnyddio gwerth π fel 3.141 59, darganfyddwch arwynebedd yr elips lle mae $a = 4.50$ a $b = 2.76$.
Rhowch yr ateb yn gywir i dri ffigur ystyrlon.

    b Darganfyddwch y gwahaniaeth rhwng yr ateb i ran **a** a'r ateb os oedd y gwerth π oedd yn cael ei ddefnyddio yn cael ei ysgrifennu i dri ffigur ystyrlon.
Rhowch yr ateb yn gywir i dri ffigur ystyrlon.

DP **7** Dyma ran o'r bil nwy sydd gan Gerri. Mae'n dangos yr unedau roedd hi wedi'u defnyddio yn ystod mis Mawrth.

Cyfrifwch y bil nwy mae Gerri yn ei gael ar gyfer mis Mawrth. Rhowch eich ateb yn gywir i ddau ffigur ystyrlon.

Gas 2U	
Mrs G Hall 2 Stryd Fawr	4 Ebrill
Darlleniad diwedd mis Mawrth	4593
Darlleniad diwedd mis Chwefror	3976
Unedau wedi'u defnyddio	617
Cost yr uned	15.6 ceiniog
Tâl misol	£10.50

DP **DA** **8** Mae'r Ddaear 92 955 807 o filltiroedd i ffwrdd o'r Haul. Buanedd golau yw 186 000 o filltiroedd yr eiliad yn gywir i 3 ffigur ystyrlon.

Darganfyddwch y nifer o eiliadau mae'n ei gymryd i belydryn o olau adael yr Haul a chyrraedd y Ddaear. Rhowch eich ateb yn gywir i ddau ffigur ystyrlon.

DH **DA** **9** Arwynebedd sgwâr yw 8 cm².
Darganfyddwch hyd un o ochrau'r sgwâr.
Rhowch eich ateb yn gywir i dri ffigur ystyrlon.

8 cm²

DH **DA** **10** Cyfaint ciwb yw 10 cm³.
Darganfyddwch hyd un o ochrau'r ciwb.
Rhowch eich ateb yn gywir i dri ffigur ystyrlon.

10 cm³

YS **DA** **11** Rhedodd Paula 10.55 milltir mewn 1 awr 54 munud.
Cyfrifwch ei buanedd cyfartalog mewn milltiroedd yr awr.
Rhowch eich ateb yn gywir i ddau ffigur ystyrlon.

Rhif Llinyn 3 Manwl gywirdeb
Uned 7 Terfannau manwl gywirdeb

YS — YMARFER SGILIAU   **DH** — DATBLYGU HYDER   **DP** — DATRYS PROBLEMAU   **DA** — DULL ARHOLIAD

YS 1 Ysgrifennwch yr arffiniau isaf ac uchaf ar gyfer pob un o'r mesuriadau canlynol. ●●○

    a 2300 m (i'r m agosaf)

    b 2300 m (i'r 10 m agosaf)

    c 2300 m (i'r 50 m agosaf)

YS 2 Mae pob un o'r mesuriadau canlynol wedi'i dalgrynnu i'r nifer o leoedd degol sydd wedi'i roi mewn cromfachau. ●●○
Ysgrifennwch yr arffiniau isaf ac uchaf ar gyfer pob mesuriad.

    a 7.8 ml (i 1 lle degol)

    b 0.3 ml (i 1 lle degol)

    c 0.31 m (i 2 le degol)

    ch 0.058 m (i 3 lle degol)

YS 3 Mae pob un o'r mesuriadau canlynol wedi'i dalgrynnu i'r nifer o ffigurau ystyrlon sydd wedi'i roi. ●●○
Ysgrifennwch yr arffiniau isaf ac uchaf ar gyfer pob mesuriad.

    a 9 g (i 1 ffigur ystyrlon)

    b 90 g (i 1 ffigur ystyrlon)

    c 84 cm (i 2 ffigur ystyrlon)

    ch 0.84 cm (i 2 ffigur ystyrlon)

YS 4 Copïwch a chwblhewch yr anhafaledd ar gyfer pob rhan. ●●○

    a Hyd ysgol yw x cm. I'r 10 cm agosaf, yr hyd yw 370 cm.
    $\boxed{} \leq x < \boxed{}$

    b Màs wy yw m g. I'r gram agosaf, y màs yw 57 g.
    $\boxed{} \leq m < \boxed{}$

    c Tymheredd corff baban yw T °C. I 1 lle degol, y tymheredd yw 36.4 °C.
    $\boxed{} \leq T < \boxed{}$

    ch Cynhwysedd sosban yw y litr. I 2 ffigur ystyrlon, y cynhwysedd yw 2.8 litr.
    $\boxed{} \leq y < \boxed{}$

DH **5** $x = 56.7$ (i 1 lle degol) ac $y = 84.2$ (i 1 lle degol).

    a Cyfrifwch yr arffin isaf ar gyfer x.

    b Cyfrifwch yr arffin isaf ar gyfer y.

    c Cyfrifwch yr arffin isaf ar gyfer $x + y$.

DH **6** Hyd ochr cae sgwâr yw 65 m, i'r metr agosaf.
Cyfrifwch yr arffiniau isaf ac uchaf ar gyfer

    a perimedr y sgwâr

    b arwynebedd y sgwâr.

DH **7** O wybod bod $23.5 \leqslant l < 24.5$ ac $17.5 \leqslant m < 18.5$, cyfrifwch yr arffin uchaf ar gyfer $l - m$.

DP **DA** **8** Mae stadiwm yn gwerthu tocynnau premiwm a thocynnau safonol.
Cost tocyn premiwm yw £25.00.
Cost tocyn safonol yw £12.50.
Ddydd Sadwrn:

    • mae 2500 o bobl yn prynu tocyn premiwm (i'r 100 agosaf)

    • mae 7400 o bobl yn prynu tocyn safonol (i'r 100 agosaf).

Gadewch i T gynrychioli cyfanswm yr arian sydd wedi'i dalu am docynnau premiwm a thocynnau safonol.
Cyfrifwch yr arffin isaf a'r arffin uchaf ar gyfer T.

DP **DA** **9** Cofnododd Alis yr amser gymerodd ariannwr i ddelio â phob un o bedwar cwsmer mewn siop, i'r 10 eiliad agosaf.
Dyma ei chanlyniadau.
150   220   190   110
Cyfrifwch yr arffin isaf ar gyfer yr amser cymedrig gymerodd yr ariannwr i ddelio â'r cwsmeriaid hyn.

DP **10** Mae'r diagram yn dangos bathodyn sydd ar siâp sector cylch.
Radiws sector y cylch yw 8.6 cm (i 2 ffigur ystyrlon).
Cyfrifwch

    a yr arffin uchaf ar gyfer perimedr y bathodyn

    b yr arffin isaf ar gyfer arwynebedd y bathodyn.

8.6 cm

Rhif Llinyn 3 Manwl gywirdeb
Uned 8 Arffiniau uchaf ac isaf

YS – **YMARFER SGILIAU**   **DH** – **DATBLYGU HYDER**   **DP** – **DATRYS PROBLEMAU**   **DA** – **DULL ARHOLIAD**

YS **1** Ysgrifennwch y rhif sy'n hanner ffordd rhwng:

    a   5 a 6

    b   6.5 a 6.6

    c   17.67 ac 17.68

    ch 2.362 a 2.363

    d   10 a 10.0001

YS **2** Ysgrifennwch yr arffin isaf a'r arffin uchaf ar gyfer y mesuriadau canlynol.

    a   Hyd pensil yw 14 cm i'r centimetr agosaf.

    b   Hyd ras yw 100 m wedi'i fesur i'r centimetr agosaf.

    c   Pwysau bar siocled yw 75 g i'r gram agosaf.

    ch Pwysau bag o gompost yw 25 kg i'r 100 gram agosaf.

    d   Cynhwysedd potel o laeth yw 1 litr wedi'i fesur i'r 10 ml agosaf.

DH **3** Mae Raphael yn peintio darluniau. Mae e'n codi tâl o £150 y metr sgwâr am bob darlun mae e'n ei werthu. Mae e'n peintio darlun ar siâp petryal sydd â'i hyd yn 1.2 m a'i led yn 80 cm. Mae'r ddau fesuriad yn gywir i'r centimetr agosaf.

    Cyfrifwch arffiniau uchaf ac isaf cost y darlun hwn.

DH **4** Cylchedd y Ddaear o amgylch y cyhydedd yw 24 900 o filltiroedd yn gywir i'r 10 milltir agosaf.

    a   Cyfrifwch arffiniau uchaf ac isaf diamedr y Ddaear.

    b   Pa dybiaeth rydych chi wedi'i gwneud wrth wneud y cyfrifiad hwn?

DH **5** Mae gan Rhodri ysgol sydd â'i hyd yn 10 m wedi'i fesur yn gywir i'r 2 cm agosaf. Rhaid i waelod yr ysgol fod 3 m, wedi'i fesur i'r 5 cm agosaf, i ffwrdd o waelod wal. Darganfyddwch arffin uchaf ac arffin isaf yr uchder mae'r ysgol yn gallu ei gyrraedd i fyny'r wal.

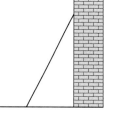

DP
DA
6 Beiciodd Peter i'r gwaith. Ei fuanedd cyfartalog oedd 4.8 m/s yn gywir i 1 lle degol. Cymerodd 20 munud iddo yn gywir i'r munud agosaf.

   a Cyfrifwch arffin isaf y pellter deithiodd Peter i'r gwaith.

   Aeth Peter adref o'r gwaith ar hyd llwybr gwahanol. Beiciodd bellter o 6.2 km yn gywir i 1 lle degol. Cymerodd 19 munud iddo yn gywir i'r munud agosaf.

   b Cyfrifwch arffin uchaf buanedd cyfartalog Peter mewn m/s ar gyfer ei daith adref.

DP
DA
7 Mae'r maint cyfartalog o danwydd (f) mae car yn ei ddefnyddio, mewn cilometrau y litr, yn cael ei roi gan y fformiwla $f = \dfrac{d}{u}$, lle mai d yw'r pellter wedi'i deithio mewn cilometrau ac u yw'r tanwydd wedi'i ddefnyddio mewn litrau.

   Mae Jill yn teithio 430 km ac yn defnyddio 52.3 litr o danwydd. Mae'r 430 wedi'i ysgrifennu yn gywir i 3 ffigur ystyrlon. Mae'r 52.3 wedi'i ysgrifennu yn gywir i un lle degol.

   Cyfrifwch werth f i fanwl gywirdeb addas. Rhaid i chi ddangos eich holl waith cyfrifo a rhoi rheswm dros eich ateb terfynol.

DH
8 Mae Carys yn gosod 50 teilsen sgwâr ymyl wrth ymyl mewn llinell syth. Hyd ochr pob teilsen yw 5 cm, yn gywir i'r 2 mm agosaf.

   a Beth yw hyd lleiaf, mewn cm, y llinell syth o'r 50 teilsen hyn?

   b Beth yw hyd mwyaf, mewn cm, y llinell syth o'r 50 teilsen hyn?

DP
9 Mae bwced yn dal 5 litr o ddŵr, yn gywir i'r 0.5 litr agosaf.

   Mae tanc yn dal 100 o litrau, yn gywir i'r 4 litr agosaf.

   Faint o'r bwcedi hyn o ddŵr byddai'n ei gymryd i fod yn **sicr** o allu llenwi'r tanc hwn?

   Rhaid i chi ddangos eich holl waith cyfrifo.

DP
10 Mae Dafydd yn beicio 44 km, yn gywir i'r 2 km agosaf.

   Mae'n cymryd 3 awr iddo, yn gywir i'r $\dfrac{1}{2}$ awr agosaf.

   a Cyfrifwch fuanedd cyfartalog mwyaf Dafydd, mewn km/awr, ar gyfer y daith feicio hon.

   b Cyfrifwch fuanedd cyfartalog lleiaf Dafydd, mewn km/awr, ar gyfer y daith feicio hon.

Rhif Llinyn 4 Ffracsiynau
Uned 6 Rhannu ffracsiynau

YS — YMARFER SGILIAU   DH — DATBLYGU HYDER   DP — DATRYS PROBLEMAU   DA — DULL ARHOLIAD

Dylech chi ateb y cwestiynau yn yr uned hon *heb* ddefnyddio cyfrifiannell.

YS **1** Parwch bob rhif â'r cilydd cywir.   ●○○

| $\frac{1}{2}$ | 5 | $\frac{3}{10}$ | $\frac{2}{5}$ | $3\frac{1}{3}$ |

| $\frac{4}{15}$ | 2 | $2\frac{1}{2}$ | $\frac{1}{5}$ | $3\frac{3}{4}$ |

YS **2** Newidiwch bob un o'r canlynol yn sym lluosi ac yna cyfrifwch yr ateb.   ●○○

a $5 \div \frac{1}{2}$ **b** $8 \div \frac{1}{3}$ **c** $9 \div \frac{1}{4}$

ch $\frac{3}{5} \div 4$ **d** $\frac{2}{3} \div 5$ **dd** $\frac{4}{7} \div 8$

YS **3** Newidiwch bob un o'r canlynol yn sym lluosi ac yna cyfrifwch yr ateb. Canslwch y ffracsiynau cyn lluosi.   ●○○

a $\frac{7}{10} \div \frac{1}{5}$ **b** $\frac{3}{8} \div \frac{1}{4}$ **c** $\frac{5}{9} \div \frac{1}{3}$

ch $\frac{5}{9} \div \frac{1}{6}$ **d** $\frac{7}{10} \div \frac{14}{15}$ **dd** $\frac{15}{24} \div \frac{9}{16}$

YS **4** Newidiwch bob un o'r canlynol yn sym lluosi ac yna cyfrifwch yr ateb. Canslwch y ffracsiynau cyn lluosi.   ●●○

a $2\frac{1}{7} \div \frac{1}{7}$ **b** $5\frac{2}{3} \div \frac{1}{6}$ **c** $1\frac{5}{8} \div \frac{1}{4}$

ch $3\frac{1}{9} \div 1\frac{1}{6}$ **d** $4\frac{9}{10} \div 1\frac{2}{5}$ **dd** $7\frac{4}{7} \div 2\frac{2}{21}$

5 Mae bag yn cynnwys $1\frac{3}{5}$ lb (pwys) o siwgr. Mae llwy de yn dal   ●●○
$\frac{1}{150}$ lb o siwgr.
Sawl llwy de o siwgr sydd yn y bag?

DH **6** Ysgrifennwch yr atebion i'r canlynol yn nhrefn maint. Dechreuwch gyda'r rhif lleiaf.

$$5\frac{1}{3} \div 1\frac{5}{6}$$ $$4\frac{2}{5} \div 1\frac{1}{10}$$ $$7\frac{7}{8} \div 2\frac{3}{4}$$ $$10\frac{5}{12} \div 3\frac{1}{6}$$

DH **7** Cwblhewch y grid lluosi hwn.

×	$1\frac{2}{5}$	**b**
$3\frac{3}{4}$	**a**	$2\frac{1}{4}$
c	**ch**	$5\frac{2}{3}$

DP **DA** **8** Mae'r diagram yn dangos wal betryal.

Arwynebedd y wal yw $5\frac{5}{9}$ m².

Lled y wal yw $1\frac{2}{3}$ m.

Cyfrifwch berimedr y wal.

$5\frac{5}{9}$ m² $1\frac{2}{3}$ m

DP **DA** **9** Mae Ravi yn mynd i roi porthiant lawnt ar ei lawnt.

Arwynebedd cyfan lawnt Ravi yw 125 m².

Mae pecyn o borthiant lawnt yn ddigon ar gyfer $4\frac{5}{7}$ m² o lawnt.

Mae pob pecyn o borthiant lawnt yn costio £1.89.

Mae Ravi yn credu bydd e'n gallu rhoi porthiant lawnt ar ei lawnt gyfan am lai na £50.

Ydy Ravi yn iawn? Dangoswch sut rydych chi'n cael eich ateb.

Lawnt

Lawnt

Rhif Llinyn 5 Canrannau
Uned 4 Cymhwyso cynnydd a gostyngiad canrannol at symiau

YS — YMARFER SGILIAU **DH** — DATBLYGU HYDER **DP** — DATRYS PROBLEMAU **DA** — DULL ARHOLIAD

YS **1** Cyfrifwch y canlynol.

    a **i** 1% o £250

      ii 12% o £250

      iii Gostwng £250 gan 12%.

    b **i** 1% o £21.50

      ii 18% o £21.50

      iii Gostwng £21.50 gan 18%.

YS **2** Cyfrifwch y canlynol.

    a Gostwng 350 g gan 17%.

    b Cynyddu 326 m gan 21%.

    c Gostwng £24.50 gan 6%.

    ch Cynyddu 560 litr gan 12.5%.

    d Gostwng 125 cm gan 7.5%.

    dd Cynyddu $1250 gan 3.5%.

YS **3** Mae Kim yn prynu dril pŵer am £68.50 plws TAW o 20%.
Faint mae hi'n ei dalu?

YS **4** Mae Jose yn prynu plât am £24. Mae e'n ei werthu drannoeth am elw o 45%.
Am faint mae Jose yn gwerthu'r plât?

DH **5** Cwblhewch y canlynol gan roi <, > neu = ym mhob blwch.

    a Mae £350 wedi'i gynyddu 10% ☐ £430 wedi'i ostwng 10%

    b Mae $49.50 wedi'i ostwng 15% ☐ $52.40 wedi'i ostwng 20%

    c Mae €128 wedi'i gynyddu 29% ☐ €132 wedi'i gynyddu 26%

    ch Mae ₳1250 wedi'i ostwng 15.8% ☐ ₳1100 wedi'i gynyddu 7.5%

DH **6** Mae Ravi yn teithio i'r gwaith ar y trên. Ddydd Llun cymerodd 1 awr 40 munud iddo deithio i'r gwaith. Ddydd Mawrth cymerodd 15% yn llai o amser iddo deithio i'r gwaith.

Faint o amser gymerodd Ravi i deithio i'r gwaith ddydd Mawrth?

DH **7** Mae Yasmin yn cael pryd o fwyd mewn tŷ bwyta. Dyma ei bil.

```
      Siop Sglodion Alf
Pysgod a sglodion   £9.85
Te                  £1.35
Is-gyfanswm         a
Tâl gwasanaeth o 15%  b
Cyfanswm i'w dalu   c
```

Cyfrifwch y cofnodion coll yn y bil.

DP **DA** **8** Mae'r tabl yn rhoi gwybodaeth am boblogaeth Riverton yn 2005 ac yn 2015.

Mae Marco yn dweud: 'Mae poblogaeth Riverton wedi cynyddu 10% rhwng 2005 a 2015.' Ydy e'n iawn? Eglurwch eich ateb.

Blwyddyn	2005	2015
Poblogaeth	15310	16678

DP **DA** **9** Mae Fiona yn gweithio mewn warws. Am y 20 awr cyntaf mae hi'n gweithio mewn wythnos, mae hi'n cael ei thalu ar gyfradd o £7.80 yr awr. Am bob awr ychwanegol mae hi'n gweithio, mae ei chyfradd yr awr yn cynyddu 35%. Yr wythnos diwethaf gweithiodd Fiona 28 awr.

Cyfrifwch ei chyflog.

DP **DA** **10** Mae Karl yn mesur hyd oes dau fatri, batri A a batri B. Hyd oes batri A oedd 36 awr. Hyd oes batri B oedd 48 awr. Mae gwneuthurwr y batris yn dweud bod batri B yn para o leiaf 30% yn hirach na batri A.

Ydy'r gwneuthurwr yn gywir? Eglurwch eich ateb.

DH **DA** **11** Mae Nerys yn buddsoddi £4800 ar log syml o 2.4% y flwyddyn.
Cyfrifwch gyfanswm gwerth y buddsoddiad ar ôl 3 blynedd.

DP **DA** **12** Yn y triongl ABC, mae ongl CAB = 40° ac mae ongl ABC 65% yn fwy nag ongl CAB.
Cyfrifwch ongl BCA.

DP **13** Mae'r diagram yn dangos dau gylch, cylch P a chylch Q. Arwynebedd cylch P yw 50 cm². Mae arwynebedd cylch Q 27.5% yn fwy nag arwynebedd cylch P.

Cyfrifwch radiws cylch Q. Rhowch eich ateb yn gywir i 2 le degol.

Rhif Llinyn 5 Canrannau
Uned 5 Darganfod y newid canrannol rhwng un swm a swm arall

YS — YMARFER SGILIAU   DH — DATBLYGU HYDER   DP — DATRYS PROBLEMAU   DA — DULL ARHOLIAD

YS **1** Cyfrifwch y canlynol.

   a Ysgrifennwch £2.75 fel canran o £20.

   b Ysgrifennwch 45° fel canran o 360°.

   c Ysgrifennwch 49.5 s fel canran o 120 s.

YS **2** Ysgrifennwch y rhif cyntaf fel canran o'r ail rif. Rhowch eich ateb yn gywir i 1 lle degol.

   a 2, 7   **b** 359, 511   **c** 511, 359

   ch 18, 10.6   **d** 0.789, 1.249

DH **3** Pwysau Liam oedd 85 kg ar ddechrau'r deiet a 77 kg ar ddiwedd y deiet.

   a Faint o bwysau gollodd ef?

   b Beth yw'r golled ganrannol yn ei bwysau? Rhowch eich ateb yn gywir i 1 lle degol.

DH **4** Uchder coeden ar ddechrau'r flwyddyn yw 17.5 m. Uchder y goeden ar ddiwedd y flwyddyn yw 18.9 m.
Cyfrifwch y cynnydd canrannol yn uchder y goeden.

DP
DA **5** Mae'r diagram yn dangos gwybodaeth am y cownteri mewn bag.

   a Cyfrifwch ganran y cownteri lliw glas yn y bag.

   Mae canran y cownteri lliw du yn y bag yn fwy na chanran y cownteri lliw gwyrdd yn y bag.

   b Faint yn fwy?

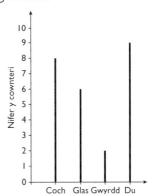

DP **DA** **6** Mae pentref yn casglu £13 109 i adeiladu lle chwarae newydd. Y targed yw £20 000. Mae cylchgrawn y pentref yn dweud:
'Rydyn ni wedi casglu mwy na 65% o'n targed, da iawn!'

Ydy cylchgrawn y pentref yn gywir?
Eglurwch eich ateb.

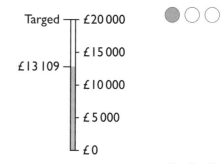

DP **DA** **7** Mae'r diagram yn rhoi gwybodaeth am gyllid cwmni.

a Pa ganran o gyllid y cwmni sy'n drethi?

Mae cyfarwyddwr y cwmni'n cael bonws os yw'r elw 10% yn fwy na'r costau.

b Ydy cyfarwyddwr y cwmni'n cael bonws? Rhowch reswm dros eich ateb.

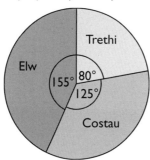

DP **DA** **8** Mae blwch yn cynnwys dim ond siapiau saeth a siapiau seren.

a Pa ganran o'r siapiau sy'n siapiau seren?

Mae Ben yn mynd i ychwanegu rhagor o siapiau saeth at y blwch.
Mae Ben eisiau i ganran y siapiau saeth yn y blwch fod yn hafal i 70%.

b Faint mwy o siapiau saeth mae angen iddo eu hychwanegu at y blwch?

Rhif Llinyn 5 Canrannau
Uned 6 Canrannau gwrthdro

YS – YMARFER SGILIAU   **DH** – DATBLYGU HYDER   **DP** – DATRYS PROBLEMAU   **DA** – DULL ARHOLIAD

YS **1** Mae peiriant golchi yn costio £270 sy'n cynnwys TAW o 20%.
Cyfrifwch gost y peiriant golchi heb TAW.

YS **2** Mae cyfrifiadur yn costio £450 ar ôl gostyngiad o 25%.
Cyfrifwch gost y cyfrifiadur cyn y gostyngiad.

YS **3** Aeth 8717 o bobl i ymweld ag atyniad i dwristiaid ym mis Mehefin.
Mae hyn yn gynnydd o 15% yn nifer y bobl aeth i ymweld â'r atyniad ym mis Mai.
Faint o bobl aeth i ymweld â'r atyniad ym mis Mai?

YS **4** Cost casgen o olew yng ngarej Toby yw £45. Mae hyn 60% yn llai
na'r gost 5 mlynedd yn ôl.
Cyfrifwch beth oedd cost casgen o olew yng ngarej Toby 5 mlynedd yn ôl.

YS **5** Mae potel arbennig o Sudd Mega yn cynnwys 1.625 litr o sudd oren.
Mae hyn 30% yn fwy na photel safonol o Sudd Mega.
Cyfrifwch faint o sudd oren sydd mewn potel safonol o Sudd Mega.

YS **6** Hyd rheilen haearn ar 30°C yw 556.2 cm. Mae hyn 3% yn fwy na
hyd y rheilen haearn ar 10°C.
Cyfrifwch hyd y rheilen haearn ar 10°C.

YS **7** Mae gosod peiriant tocynnau digyffwrdd mewn sinema yn lleihau'r
amser cyfartalog mae'n ei gymryd i brynu tocyn ffilm 28%. Yr amser
cyfartalog mae'n ei gymryd i brynu tocyn ffilm gan ddefnyddio'r peiriant
tocynnau digyffwrdd yw 153 eiliad.
Beth oedd yr amser cyfartalog roedd yn ei gymryd i brynu tocyn ffilm
cyn gosod y peiriant tocynnau digyffwrdd?

DH **8** Mae soffa yn costio £840 sy'n cynnwys TAW o 20%.
Cyfrifwch y TAW.

DH **9** Cyfrifwch y gwerth gwreiddiol ar gyfer pob un o'r canlynol.

a [   ] cm wedi'i gynyddu 25% i roi 107.5 cm.

b [   ] g wedi'i ostwng 5% i roi 461.51 g.

c £ [   ] wedi'i gynyddu 36.5% i roi £352.17.

ch [   ] litr wedi'i ostwng 17.5% i roi 80.85 litr.

d [   ] km wedi'i gynyddu 0.75% i roi 39.091 km.

DH **10** Mae Marc yn prynu siwt, crys a hefyd tei mewn sêl mewn siop adrannol. ●●○
Roedd pris y siwt wedi'i ostwng 25% i £81.
Roedd pris y crys wedi'i ostwng 20% i £24.
Roedd pris y tei wedi'i ostwng 75% i £5.
a Beth oedd pris y siwt, y crys a'r tei cyn y sêl?
b Faint o arian gwnaeth Marc ei arbed?

DP **11** Ar ôl haf sych, roedd Cronfa Ddŵr y Bryn yn cynnwys 1.5×10^{10} litr o ●●○
DA ddŵr. Mae hyn 36% yn llai na chynhwysedd mwyaf y gronfa ddŵr.
Cyfrifwch gynhwysedd mwyaf Cronfa Ddŵr y Bryn.
Rhowch eich ateb yn y ffurf safonol.

DP **12** Gweithiodd Llinos am 20 awr yn ei swydd ran-amser yr wythnos hon. ●●○
DA Roedd hyn yn gynnydd o $33\frac{1}{3}\%$ yn nifer yr oriau weithiodd hi yr wythnos diwethaf.
a Faint o oriau weithiodd Llinos yr wythnos diwethaf?
b Cyflog Llinos yr wythnos hon yw £144.80. Roedd hyn yn fwy na'i chyflog hi yr wythnos diwethaf.
Faint yn fwy?

DP **13** Mae llawlyfr beic modur yn nodi y dylai gwasgedd teiar cefn y beic ●●○
DA modur, mewn pwysi y fodfedd sgwâr (*psi*), fod:
• yn yr amrediad 40.5–45 *psi*
• 12.5% yn fwy na gwasgedd teiar blaen y beic modur.
Cyfrifwch yr amrediad o wasgeddau posibl ar gyfer teiar blaen y beic modur.

DH **14** Cofnododd Poppy yr amserau gymerodd rhai myfyrwyr i gwblhau ●●●
pos Sudoku. Dyma'r canlyniadau gafodd hi ar gyfer y myfyrwyr gwrywol.
12 mun 18 eiliad 15 mun 25 eiliad 14 mun 5 eiliad 18 mun 43 eiliad 16 mun 55 eiliad
17 mun 47 eiliad 14 mun 50 eiliad 13 mun 29 eiliad 15 mun 18 eiliad 16 mun 22 eiliad
Mae amser cymedrig y myfyrwyr gwrywol 4% yn llai nag amser cymedrig y myfyrwyr benywol.
Cyfrifwch amser cymedrig y myfyrwyr benywol.

DP **15** Mae tri heptagon, A, B ac C. ●●●
DA Mae arwynebedd C 30% yn fwy nag arwynebedd B.
Mae arwynebedd B 20% yn fwy nag arwynebedd A.
Arwynebedd C yw 70.2 cm².
Cyfrifwch arwynebedd A.

DP **16** Gwyliodd 100 o bobl rownd gyntaf cystadleuaeth ddartiau. ●●●
Gwyliodd 122 o bobl ail rownd y gystadleuaeth ddartiau.
Roedd nifer y gwrywod wyliodd yr ail rownd 20% yn fwy na nifer y gwrywod wyliodd y rownd gyntaf.
Roedd nifer y benywod wyliodd yr ail rownd 25% yn fwy na nifer y benywod wyliodd y rownd gyntaf.
Cyfrifwch nifer y benywod wyliodd ail rownd y gystadleuaeth.

Rhif Llinyn 5 Canrannau
Uned 7 Cynnydd/gostyngiad
canrannol sy'n cael ei ailadrodd

YS — YMARFER SGILIAU   DH — DATBLYGU HYDER   DP — DATRYS PROBLEMAU   DA — DULL ARHOLIAD

YS 1 Ysgrifennwch ystyr pob cyfrifiad. Mae'r un cyntaf wedi'i wneud i chi. ◉○○
  a 280 × 1.2   *Cynyddu 280 gan 20%.*
  b 280 × 1.25
  c 280 × 1.02
  ch 280 × 1.025
  d 280 × 0.8

YS 2 Copïwch a chwblhewch y cyfrifiad i gyfrifo pob newid canrannol. ◉○○
  a Cynyddwch 34.5 gan 10%.   34.5 × ☐
  b Gostyngwch 304 gan 12%.   304 × ☐
  c Gostyngwch 3.125 gan 12.5%.   3.125 × ☐
  ch Gostyngwch 0.758 gan 6.5%.   0.758 × ☐

YS 3 Cyfrifwch bob un o'r canlynol. ◉◉○
  a Cynyddwch 400 gan 10%. Cynyddwch y canlyniad 10%.
  b i Cynyddwch 520 gan 10%. Gostyngwch y canlyniad 10%.
    ii Eglurwch pam nad yw'r ateb yn 520.
  c Gostyngwch 1200 gan 15%. Cynyddwch y canlyniad 20%.

YS 4 Mae Ella yn buddsoddi £5000 mewn cyfrif banc am 3 blynedd. ◉◉○
Mae'r banc yn talu adlog ar gyfradd flynyddol o 5%.
Pa gyfrifiad sy'n cynrychioli gwerth y buddsoddiad ar ôl 3 blynedd?
  a $5000 \times (0.05)^3$ **b** $5000 \times 0.05 \times 3$
  c $5000 \times (1.05)^3$ **ch** $5000 \times 1.05 \times 3$

DH 5 Dyma beiriant rhif.

Mewnbwn → × 1.15 → × 0.875 → Allbwn

a Copïwch a chwblhewch y tabl ar gyfer y peiriant rhif hwn.

Mewnbwn	520	0.8	108.8	2116
Allbwn				

b Beth mae'r peiriant rhif yn ei wneud i rif mewnbwn?
Rhowch eich ateb yn nhermau canrannau.

DH 6 Mae'r tabl yn rhoi rhywfaint o wybodaeth am nifer y morloi ar ynys bob mis Ebrill o 2010 i 2013.

Blwyddyn	Ebrill 2010	Ebrill 2011	Ebrill 2012	Ebrill 2013
Newid canrannol	Dim gwybodaeth am y flwyddyn flaenorol	10% yn fwy na'r flwyddyn flaenorol	7.5% yn llai na'r flwyddyn flaenorol	5% yn fwy na'r flwyddyn flaenorol
Nifer y morloi	8000			

Copïwch a chwblhewch y tabl.

DH **DA** **7** Mae Mair yn buddsoddi £4000 am 3 blynedd. Mae'r buddsoddiad yn talu adlog ar gyfradd flynyddol o 2%.

Mae Harry yn buddsoddi £3800 am 3 blynedd. Mae ei fuddsoddiad e'n talu adlog ar gyfradd flynyddol o 3%.

Mae cyfanswm y llog mae Harry yn ei gael am ei fuddsoddiad yn fwy na chyfanswm y llog mae Mair yn ei gael am ei buddsoddiad hi.

Faint yn fwy?

DP **DA** **8** Mewn sêl, mae pris bagiau llaw yn cael ei ostwng 30%.

Mae Sam yn prynu bag llaw yn y sêl ac yn defnyddio ei cherdyn teyrngarwch sy'n rhoi disgownt ychwanegol o 10% iddi ar bob eitem.

Cost wreiddiol y bag llaw yw £84.

Mae hi'n talu am y bag llaw â thri phapur £20.

Faint o newid dylai hi ei gael?

DP **DA** **9** Mae gwerth car newydd yn dibrisio gydag amser.

Ar ddiwedd y flwyddyn gyntaf, mae gwerth y car 20% yn llai na'i werth ar ddechrau'r flwyddyn.

Ar ddiwedd yr ail flwyddyn, mae gwerth y car 15% yn llai na'i werth ar ddechrau'r flwyddyn.

Ar ddiwedd y drydedd flwyddyn, mae gwerth y car 10% yn llai na'i werth ar ddechrau'r flwyddyn.

Gwerth car newydd yw £16 450.

Cyfrifwch werth y car ar ôl tair blynedd.

Rhowch eich ateb i'r £100 agosaf.

DP **DA** **10** Mae Clio yn plannu coeden. Uchder y goeden yw 2 m.

Mae uchder y goeden yn cynyddu 10% bob blwyddyn.

Ar ôl faint o flynyddoedd bydd y goeden yn cyrraedd uchder o 4 m?

Rhif Llinyn 6 Cymarebau a chyfrannedd Uned 2 Rhannu yn ôl cymhareb benodol

YS YMARFER SGILIAU   **DH** DATBLYGUHYDER   **DP** DATRYS PROBLEMAU   **DA** DULL ARHOLIAD

YS **1** Cyfrifwch y canlynol.

   a Rhannwch 72 yn ôl y gymhareb 1:5.

   b Rhannwch 48 yn ôl y gymhareb 1:3.

   c Rhannwch 81 yn ôl y gymhareb 2:1.

   ch Rhannwch 200 yn ôl y gymhareb 4:1.

YS **2** Cyfrifwch y canlynol.

   a Rhannwch 60 yn ôl y gymhareb 2:3.

   b Rhannwch 91 yn ôl y gymhareb 3:4.

   c Rhannwch 105 yn ôl y gymhareb 5:2.

   ch Rhannwch 250 yn ôl y gymhareb 7:3.

YS **3** Cyfrifwch y canlynol.

   a Rhannwch 54 yn ôl y gymhareb 1:3:2.

   b Rhannwch 90 yn ôl y gymhareb 5:2:3.

   c Rhannwch 117 yn ôl y gymhareb 2:3:4.

   ch Rhannwch 425 yn ôl y gymhareb 1:1:3.

DH **4** Mae diod oren yn cael ei gwneud o sudd oren a dŵr yn ôl y gymhareb 1:14. Mae Shelly yn gwneud rhywfaint o ddiod oren. Mae hi'n defnyddio 25 ml o sudd oren.

Faint o ddŵr sydd ei angen arni?

DH **5** Mae blwch siocledi yn cynnwys siocledi llaeth a siocledi plaen yn ôl y gymhareb 3:4.

Pa ffracsiwn o'r blwch siocledi sy'n

   a siocledi llaeth

   b siocledi plaen?

DH **6** Mae Haan a Ben yn ennill y wobr gyntaf mewn cystadleuaeth dennis i barau. Y wobr gyntaf yw £600. Maen nhw'n rhannu'r wobr yn ôl y gymhareb 7 : 5.

    a Faint mae Haan yn ei gael?

    Mae Haan nawr yn rhannu ei ran ef o'r wobr gyda Tania yn ôl y gymhareb 2 : 3.

    b Faint mae Tania yn ei gael?

DH **7** Mae Emma a Joe yn rhannu cost pryd bwyd yn ôl y gymhareb 2 : 5. Cost y pryd bwyd yw £66.50. Mae Joe yn talu mwy nag Emma. Faint yn fwy?

DH **8** Mae bag yn cynnwys darnau 20c a darnau 50c yn ôl y gymhareb 7 : 5. Mae cyfanswm o 180 o ddarnau arian yn y bag.

    Cyfrifwch gyfanswm yr arian yn y bag.

DH **9** Mae arwynebedd pentagon A ac arwynebedd pentagon B yn y gymhareb 5 : 9. Arwynebedd pentagon A yw 105 cm².

    Cyfrifwch arwynebedd pentagon B.

A 105 cm²

B

DP **DA** **10** Mae blwch yn cynnwys cownteri lliw coch, lliw glas a lliw gwyrdd yn ôl y gymhareb 2 : 4 : 3.

    a Pa ffracsiwn o'r cownteri sy'n lliw glas?

    b Pa ffracsiwn o'r cownteri sydd ddim yn lliw coch?

    Mae 27 cownter lliw gwyrdd yn y bag.

    c Cyfrifwch gyfanswm y cownteri yn y bag.

DP **DA** **11** Mae Viki yn prynu cadeiriau pren a chadeiriau plastig yn ôl y gymhareb 3 : 7. Cost pob cadair bren yw £31.60. Cost pob cadair blastig yw £15.80. Cyfanswm cost y cadeiriau pren yw £284.40.

    Faint yw'r cyfanswm mae Viki yn ei dalu am y cadeiriau plastig?

DP **DA** **12** Mae'r onglau mewn triongl yn ôl y gymhareb 2 : 3 : 7.

    Dangoswch nad ydy'r triongl yn driongl ongl sgwâr.

DP **13** Mae blwch yn cynnwys dim ond beiros glas a beiros du yn ôl y gymhareb 5 : 4. Mae Olivia yn cymryd 8 beiro glas o'r blwch. Nawr mae nifer y beiros glas yn y blwch yn hafal i nifer y beiros du yn y blwch.

    Cyfrifwch gyfanswm y beiros yn y blwch.

DP **14** Mae hyd a lled petryal yn y gymhareb 5 : 3. Perimedr y petryal yw 120 cm.

    Cyfrifwch arwynebedd y petryal.

Rhif Llinyn 6 Cymarebau a chyfrannedd Uned 3 Gweithio gyda meintiau cyfrannol

YS — YMARFER SGILIAU   DH — DATBLYGU HYDER   DP — DATRYS PROBLEMAU   DA — DULL ARHOLIAD

YS 1 Mae 7 batri yn costio cyfanswm o £8.75.

   a Beth yw cost 1 batri?

   b Beth yw cost 5 batri?

YS 2 Mae 8 cyfrifiannell yn costio cyfanswm o £46.80.

   a Beth yw cost 5 cyfrifiannell?

   b Beth yw cost 13 cyfrifiannell?

YS 3 Mae 180 o becynnau o greision mewn 5 blwch. Faint o becynnau o greision sydd mewn

   a 3 blwch   **b** 8 blwch?

DH 4 Dyma rysáit i wneud 12 o fisgedi almon. Mae Nain yn mynd i ddefnyddio'r rysáit hon i wneud 21 o'r bisgedi.

Faint o bob cynhwysyn sydd ei angen arni?

Bisgedi almon	
(i wneud 12 o fisgedi)	
5 owns menyn	8 owns blawd
1 owns almonau mâl	3 owns siwgr mân

DH 5 Mae'r label ar botel 0.75 litr o Ddiod Ffrwythau yn dweud ei bod yn gwneud 60 diod.

Beth ddylai'r label ar botel 1.75 litr o Ddiod Ffrwythau ei ddweud am nifer y diodydd mae'n eu gwneud?

DH 6 Mae blychau o glipiau papur i'w cael mewn dau faint a dau bris.

   a Ar gyfer y blwch bach o glipiau papur, cyfrifwch gost 1 clip papur.

   b Pa flwch yw'r gwerth gorau am arian? Eglurwch eich ateb.

Blwch mawr

Blwch bach

50 clip papur
£1.40

225 clip papur
£6.75

DH **7** Mae sbring yn ymestyn 6.3 cm os yw grym o 28 newton (28 N) yn cael ei roi arno.

    a Faint mae'r sbring yn ymestyn os yw grym o 15 N yn cael ei roi arno?

    Mae'r sbring yn ymestyn 2.7 cm os yw grym o FN yn cael ei roi arno.

    b Cyfrifwch werth F.

DP **8**
DA Mae'r tabl yn rhoi gwybodaeth am gyflog Mani ar gyfer yr wythnos diwethaf. Yr wythnos hon gweithiodd Mani 30 awr ar gyfradd safonol a 10 awr ar gyfradd fonws.

Faint yn fwy enillodd ef yr wythnos hon o'i chymharu â'r wythnos diwethaf?

	Nifer yr oriau wedi'u gweithio	Cyfanswm
Cyfradd safonol	35	£273.70
Cyfradd fonws	5	£60.80
		£334.50

DP **9**
DA Mae Aabish yn mynd i wneud concrit. Mae ganddi 100 kg o sment, 180 kg o dywod garw, 400 kg o agreg a chyflenwad diderfyn o ddŵr.

Cyfrifwch y maint mwyaf o goncrit mae Aabish yn gallu ei wneud.

Defnyddiau ar gyfer concrit (i wneud 0.125 m³)	
Sment	40 kg
Tywod garw	75 kg
Agreg	150 kg
Dŵr	22 litr

DP **10**
DA Mae ffa pob i'w cael mewn tri maint o dun. Mae'r tabl yn rhoi gwybodaeth am y tuniau hyn.

Tun o ba faint yw'r gwerth gorau am arian? Eglurwch eich ateb.

Maint y tun	Pwysau'r ffa pob (gramau)	Cost (c)
Bach	180	28
Canolig	415	64
Mawr	840	130

DP **11** Uchder Cerflun Rhyddid (*Statue of Liberty*) yw 305 troedfedd. Uchder Eglwys Gadeiriol Sant Paul yw 111 metr. (Mae 10 troedfedd tua 3 metr.)

Pa un yw'r uchaf, Cerflun Rhyddid neu Eglwys Gadeiriol Sant Paul?

Rhif Llinyn 7 Priodweddau rhif Uned 4 Nodiant indecs

YS — YMARFER SGILIAU   **DH** — DATBLYGUHYDER   **DP** — DATRYS PROBLEMAU   **DA** — DULL ARHOLIAD

YS **1** Ysgrifennwch bob un o'r canlynol fel pŵer o 2. ◐○○

  a $2 \times 2 \times 2$ **b** $2 \times 2 \times 2 \times 2 \times 2 \times 2 \times 2 \times 2 \times 2$

  c $(2 \times 2 \times 2 \times 2) \times (2 \times 2)$ **ch** $(2 \times 2) \times (2 \times 2) \times (2 \times 2)$

DP **2** Newidiwch 1 m² yn mm². ◐○○
DA   Rhowch eich ateb fel pŵer sengl o 10.

YS **3** Ysgrifennwch bob un o'r canlynol fel pŵer o 3. ◐◐○

  a $\dfrac{3 \times 3 \times 3}{3}$ **b** $\dfrac{3 \times 3 \times 3 \times 3 \times 3}{3 \times 3}$

  c $\dfrac{3 \times 3 \times 3 \times 3 \times 3 \times 3 \times 3}{3 \times 3 \times 3}$ **ch** $\dfrac{(3 \times 3 \times 3 \times 3 \times 3) \times (3 \times 3 \times 3)}{3 \times (3 \times 3 \times 3)}$

YS **4** Ysgrifennwch bob un o'r canlynol ar ffurf indecs. ◐◐○

  a $(2 \times 2 \times 2 \times 2) \div (2 \times 2)$ **b** $(5 \times 5 \times 5 \times 5 \times 5) \div (5 \times 5 \times 5)$

  c $(7 \times 7 \times 7 \times 7 \times 7) \div (7 \times 7)$ **ch** $(11 \times 11 \times 11) \div (11 \times 11)$

YS **5** Ysgrifennwch bob un o'r canlynol fel pŵer sengl o 3. ◐◐○

  a $3^2 \times 3^3$ **b** $3 \times 3^2 \times 3^3$ **c** $27 \times 9 \times 81$

YS **6** Ysgrifennwch bob un o'r canlynol fel pŵer sengl o 5. ◐◐○

  a $5^4 \div 5^2$ **b** $5^4 \div 5$ **c** $5^5 \div 125$

YS **7** Ysgrifennwch bob un o'r canlynol ar ffurf indecs. ◐◐○

  a $2 \times 2 \times 2 \times 3 \times 3$ **b** $2 \times 3 \times 2 \times 2 \times 2 \times 3$

  c $5 \times 7 \times 7 \times 7 \times 7 \times 7 \times 5$ **ch** $3 \times 3 \times 2 \times 5 \times 2 \times 5 \times 2 \times 5$

DH **8** Ysgrifennwch bob un o'r canlynol fel pŵer sengl o 2. ◐◐○

  a 4^2 **b** 8^2 **c** 16^2

DH **9** Cyfrifwch arwynebedd pob siâp. Rhowch eich atebion ar ffurf indecs.

a

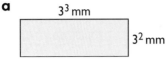

3^3 mm

3^2 mm

b

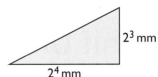

2^3 mm

2^4 mm

c

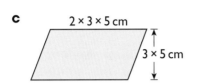

$2 \times 3 \times 5$ cm

3×5 cm

ch

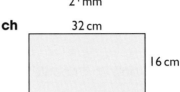

32 cm

16 cm

DH **10** Symleiddiwch bob un o'r canlynol. Rhowch eich atebion ar ffurf indecs.

a $(3^2)^2$ **b** $(5^3)^2$ **c** $(2^2)^3$ **ch** $(11^4)^2$

DH **11** Symleiddiwch bob un o'r canlynol. Rhowch eich atebion ar ffurf indecs.

a $\dfrac{3^7}{3^2 \times 3^3}$ **b** $\dfrac{7^5 \times 7^3}{7^3 \times 7^2}$ **c** $\dfrac{5^3 \times 5^2}{5^3 \div 5^2}$ **ch** $\dfrac{(2^4)^2}{2^3}$ **d** $\dfrac{(3^3)^3}{(3^2)^3}$

DP **DA** **12** Mae 64 sgwâr ar fwrdd gwyddbwyll.

Mae Milo yn mynd i roi 1 gronyn o haidd ar sgwâr cyntaf y bwrdd gwyddbwyll, 2 ronyn ar yr ail sgwâr, 4 gronyn ar y trydydd sgwâr, 8 gronyn ar y pedwerydd sgwâr, ac yn y blaen.

a Sawl gronyn o haidd dylai Milo ei roi ar sgwâr 64 ar y bwrdd gwyddbwyll? Rhowch eich ateb ar y ffurf 2^n, lle mae n yn rhif sydd i gael ei ddarganfod.

b Mae 16 gronyn o haidd yn pwyso 1 g. Cyfrifwch gyfanswm màs yr haidd sydd ar sgwâr 64 ar y bwrdd gwyddbwyll. Rhowch eich ateb mewn cilogramau, yn y ffurf safonol ac yn gywir i 3 ffigur ystyrlon.

DP **DA** **13 a** Ysgrifennwch 125 fel pŵer o 5.

b Dangoswch fod $125^2 = 25^3$.

DP **DA** **14** Rydych chi'n cael gwybod bod

$x = 3 \times 5^3$

$y = 2 \times 5^2$ ac

$x + 5y = 5^n$, lle mai cyfanrif yw n.

Cyfrifwch werth n.

DP **15** Mae'r fformiwla $P = 2^n - 1$, lle mae n yn rhif cysefin, yn cael ei defnyddio i ddarganfod rhifau cysefin (P).

Ydy'r fformiwla'n gallu cael ei defnyddio i ddarganfod pob rhif cysefin posibl? Rhowch reswm dros eich ateb.

Rhif Llinyn 7 Priodweddau rhif Uned 5 Ffactorio rhifau cysefin

YS — YMARFER SGILIAU   DH — DATBLYGU HYDER   DP — DATRYS PROBLEMAU   DA — DULL ARHOLIAD

DH **1** Dyma rai rhifau sydd wedi'u rhoi fel lluoswm eu ffactorau cysefin. Ysgrifennwch y rhifau yn nhrefn maint, gan ddechrau gyda'r lleiaf.

2×7^2 $2^2 \times 3 \times 5$ $2 \times 3 \times 11$ $2^3 \times 3^2$

YS **2** Ysgrifennwch bob un o'r canlynol ar ffurf indecs.

a $3 \times 3 \times 2$ **b** $5 \times 3 \times 5 \times 5$ **c** $5 \times 7 \times 5 \times 7$

ch $2 \times 5 \times 3 \times 5 \times 2$ **d** $3 \times 2 \times 3 \times 2 \times 3$ **dd** $2 \times 7 \times 2 \times 2 \times 7$

YS **3** Ysgrifennwch bob rhif fel lluoswm ei ffactorau cysefin ar ffurf indecs.

a 105   **b** 165   **c** 315   **ch** 150

YS **4** Copïwch a chwblhewch y tabl.

Rhifau	Ffactorau	Ffactorau cyffredin	Ffactor cyffredin mwyaf
15, 20	15: 1, 3, 5, 15 20: 1, 2, 4, 5, 10, 20	1, 5	5
8, 28	8: 1, 2, 4, 8 28: 1, 2, 4, 7, 14, 28	1, 2, 4	
16, 40	16: 1, 2, 4, 8, 16 40: 1, 2, 4, 5, 8, 10, 20, 40		
24, 36			

YS **5** Darganfyddwch ffactor cyffredin mwyaf pob un o'r parau canlynol o rifau.

a 18 a 30   **b** 27 a 36   **c** 28 a 70   **ch** 52 a 130

YS **6** Ysgrifennwch beth yw lluosrif cyffredin lleiaf pob un o'r parau canlynol.

a 90 a 135   **b** 15 a 50   **c** 24 a 40   **ch** 18 a 48

DH **7** Copïwch a chwblhewch y gosodiadau canlynol.

a $2 \times 5 \times 7^2 = \boxed{}$ **b** $3 \times 5^2 \times \boxed{} = 825$ **c** $2 \times 3 \boxed{} \times 5 = 90$

ch $2 \times 3 \times \boxed{}^2 = 294$ **d** $2^3 \times \boxed{}^2 = 200$ **dd** $2^2 \times 3 \boxed{} \times 5^2 = 2700$

DH **8** $30 = 2 \times 3 \times 5$ ac $105 = 3 \times 5 \times 7$

   a Pa ffactorau cysefin sy'n gyffredin i 30 ac 105?

   b Copïwch a chwblhewch y diagram Venn.

   c Ysgrifennwch ffactor cyffredin mwyaf 30 ac 105.

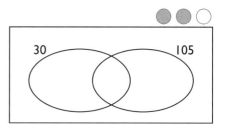

DH **9** **a** Ysgrifennwch 126 fel lluoswm ei ffactorau cysefin.

   b Ysgrifennwch 180 fel lluoswm ei ffactorau cysefin.

   c Lluniadwch ddiagram Venn i ddangos ffactorau cysefin 126 ac 180.

   ch Ysgrifennwch ffactor cyffredin mwyaf 126 ac 180.

DP **DA** **10** Mae'r tabl yn dangos meintiau a chostau pensiliau a rwberi.

	Pensiliau	Rwberi
Nifer mewn blwch	8	10
Cost	£1.80	£2.40

Mae Simon eisiau prynu cymaint â phosibl o'r pensiliau a'r rwberi, ond mae eisiau prynu'r un nifer yn union o bob un. Mae ganddo £40.

Cyfrifwch gyfanswm cost y pensiliau a'r rwberi dylai Simon eu prynu.

DP **DA** **11** Mae'r diagram yn dangos tri goleudy, A, B ac C.

Mae goleuadau goleudy A yn fflachio unwaith bob 5 eiliad.

Mae goleuadau goleudy B yn fflachio unwaith bob 7 eiliad.

Mae goleuadau goleudy C yn fflachio unwaith bob 15 eiliad.

Mae Peter yn sefyll ar ynys yn gwylio'r tri goleudy.

Am 21:00, mae'r tri goleudy yn fflachio gyda'i gilydd.

Sawl gwaith bydd y tri goleudy yn fflachio gyda'i gilydd yn ystod yr awr nesaf?

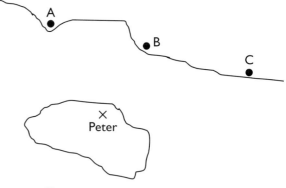

DP **DA** **12** Mae'r diagram yn dangos 2 gocsen, X ac Y.

Mae saeth yn cael ei lluniadu ar bob cocsen.

Mae 10 dant gan gocsen X.

Mae 12 dant gan gocsen Y.

Mae cocsen X yn cael ei throi yn glocwedd nes bod y saethau yn ôl yn eu safleoedd cychwynnol.

Cyfrifwch yr ongl mae cocsen X yn cael ei throi drwyddi.

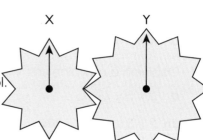

Rhif Llinyn 7 Priodweddau rhif Uned 6 Rheolau indecsau

YS – **YMARFER SGILIAU**   **DH** – **DATBLYGU HYDER**   **DP** – **DATRYS PROBLEMAU**   **DA** – **DULL ARHOLIAD**

YS **1** Copïwch a chwblhewch y tabl drwy ysgrifennu pob rhif fel pŵer sengl o 5.

Rhif cyffredin	125	25	5	1	$\frac{1}{5}$	$\frac{1}{25}$	$\frac{1}{125}$
Ffurf indecs		5^2					

YS **2** Defnyddiwch y rheol $a^n \times a^m = a^{n+m}$ i symleiddio pob un o'r canlynol. Rhowch eich atebion ar ffurf indecs.

   a $2^3 \times 2^4$

   b $2^{-1} \times 2^5$

   c $7^3 \times 7^0$

YS **3** Defnyddiwch y rheol $a^n \div a^m = a^{n-m}$ i symleiddio pob un o'r canlynol. Rhowch eich atebion ar ffurf indecs.

   a $5^7 \div 5^6$

   b $7^{-1} \div 7^{-1}$

   c $\dfrac{11^{-2}}{11^8}$

YS **4** Defnyddiwch y rheol $(a^m)^n = a^{m \times n}$ i symleiddio pob un o'r canlynol. Rhowch eich atebion ar ffurf indecs.

   a $(5^2)^3$

   b $(2^5)^0$

   c $(11^{-3})^{-2}$

YS **5** Ysgrifennwch bob un o'r canlynol fel ffracsiwn ar ei ffurf symlaf. Er enghraifft, $2^{-3} = \dfrac{1}{2^3} = \dfrac{1}{8}$.

   a 2^{-2} **b** 3^{-2} **c** 11^{-1} **ch** 10^{-3}

DH **6** Heb ddefnyddio cyfrifiannell, nodwch pa rai o'r canlynol sy'n hafal i 1.

   a 5^0 **b** $3^2 \times 3^{-2}$ **c** $(5^3)^{-2}$ **ch** $2^5 \div 2^5$ **d** $(7^3)^0$

DH **7** Ysgrifennwch bob un o'r canlynol fel pŵer sengl o 2.

    a 4   **b** 4^2 **c** $(4^3)^2$ **ch** $(4^5)^4$

DH **8** Cyfrifwch bob un o'r canlynol. Rhowch eich atebion ar ffurf indecs.

    a $(2^2 \times 2^3) \times 2^4$

    b $(7^3 \times 7^4) \div 7^5$

    c $(2^3)^2 \times (2^2)^3$

    ch $(5^4 \div 5^6)^{-1}$

DH **9** $3^4 = 81$ a $3^5 = 243$

    Ysgrifennwch yr ateb i bob un o'r canlynol fel pŵer sengl o 3. Peidiwch â defnyddio cyfrifiannell.

    a 9×81

    b $\dfrac{243}{9}$

    c $\dfrac{243 \times 81^2}{27}$

DH **10** Defnyddiwch y rheolau indecsau i symleiddio pob un o'r canlynol. Rhowch eich atebion ar ffurf indecs.

    a $2^3 \times 2^4 \times 3^4 \times 3^2$

    b $\dfrac{3^5 \times 5^4}{3^2 \times 5^2}$

    c $(2^5 \times 5^3)^2$

DH **11** Heb ddefnyddio cyfrifiannell, copïwch a chwblhewch y gosodiadau canlynol. Defnyddiwch < neu > neu =.

    a 2^3 ☐ 3^2

    b 2^{-1} ☐ 3^{-1}

    c 3^0 ☐ 3

DP **DA** **12** $5^3 = 125$ a $5^5 = 3125$

    Mae Pierre yn dweud bod $125^{10} = 3125^6$.

    Heb ddefnyddio cyfrifiannell, nodwch ydy e'n gywir neu beidio. Eglurwch pam.

DP **DA** **13** Mae Aled yn dweud bod $(a^m)^n = (a^n)^m$.

    Ydy e'n gywir? Eglurwch pam.

DP **DA** **14** Ysgrifennwch ffactor cyffredin mwyaf pob un o'r parau canlynol o rifau.

    a 42 a 70

    b 42^2 a 70^2

Rhif Llinyn 7 Priodweddau rhif
Uned 7 Indecsau ffracsiynol

YS – YMARFER SGILIAU   **DH** – DATBLYGUHYDER   **DP** – DATRYS PROBLEMAU   **DA** – DULL ARHOLIAD

YS **1** Ysgrifennwch y canlynol fel israddau.

a $5^{\frac{1}{2}}$ **b** $4^{\frac{1}{3}}$ **c** $3^{\frac{1}{4}}$

ch $8^{\frac{1}{2}}$ **d** $10^{\frac{1}{5}}$ **dd** $6^{\frac{1}{5}}$

YS **2** Ysgrifennwch y canlynol gan ddefnyddio indecsau.

a $\sqrt{7}$ **b** $\sqrt[3]{9}$ **c** $\sqrt[3]{4}$

ch $\sqrt{5}$ **d** $\sqrt[6]{5}$ **dd** $\sqrt[7]{2}$

YS **3** Darganfyddwch werth pob un o'r canlynol.

a $81^{\frac{1}{2}}$ **b** $8^{\frac{1}{3}}$ **c** $256^{\frac{1}{4}}$

ch $169^{\frac{1}{2}}$ **d** $216^{\frac{1}{3}}$ **dd** $625^{\frac{1}{4}}$

DH **4** Ysgrifennwch y canlynol gan ddefnyddio israddau.

a $5^{\frac{3}{2}}$ **b** $7^{\frac{2}{3}}$ **c** $6^{\frac{3}{4}}$

ch $10^{\frac{5}{3}}$ **d** $10^{\frac{2}{5}}$ **dd** $5^{\frac{5}{2}}$

DH **5** Ysgrifennwch y canlynol gan ddefnyddio indecsau.

a $\sqrt{2^3}$ **b** $(\sqrt[4]{3})^3$ **c** $\sqrt[3]{5^7}$

ch $\sqrt[4]{7^5}$ **d** $(\sqrt[3]{2})^5$ **dd** $(\sqrt[5]{2})^9$

DH **6** Darganfyddwch werth pob un o'r canlynol.

a $36^{\frac{3}{2}}$ **b** $8^{\frac{2}{3}}$ **c** $256^{\frac{3}{4}}$

ch $4^{\frac{5}{2}}$ **d** $27^{\frac{5}{3}}$ **dd** $625^{\frac{3}{4}}$

DH **7** Ysgrifennwch y canlynol fel israddau.

a $3^{-\frac{1}{2}}$ **b** $4^{-\frac{1}{3}}$ **c** $5^{-\frac{3}{4}}$

ch $7^{-\frac{3}{2}}$ **d** $9^{-\frac{4}{5}}$ **dd** $3^{-\frac{2}{5}}$

DH **8** Ysgrifennwch y canlynol gan ddefnyddio indecsau.

    a $\dfrac{1}{\sqrt{5}}$ **b** $\dfrac{1}{\sqrt[4]{7}}$ **c** $\dfrac{1}{\sqrt[3]{5^2}}$

    ch $\dfrac{1}{(\sqrt{7})^3}$ **d** $\dfrac{1}{\sqrt[4]{3^5}}$ **dd** $\dfrac{1}{(\sqrt[5]{3})^3}$

DH **9** Darganfyddwch werth pob un o'r canlynol.

    a $16^{-\frac{3}{2}}$ **b** $64^{-\frac{2}{3}}$ **c** $125^{-\frac{5}{3}}$

    ch $4^{-\frac{3}{2}}$ **d** $27^{-\frac{2}{3}}$ **dd** $64^{-\frac{5}{6}}$

DP **10** Ysgrifennwch werth pob un o'r canlynol fel pŵer o 2.

    a $4 \times 32^{\frac{3}{5}}$

    b $\dfrac{1}{8} \times 64^{\frac{3}{2}}$

    c $8^{-\frac{5}{3}} \times 32^{\frac{2}{5}}$

DP **11** Darganfyddwch werth n.

    a $\dfrac{1}{\sqrt{8}} = 2^n$

    b $\sqrt[3]{27^2} = 3^n$

    c $(\sqrt[3]{125})^4 = 25^n$

DP **DA** **12** **a** Cyfrifwch $\left(\dfrac{125}{27}\right)^{-\frac{2}{3}}$.

    b Darganfyddwch werth p yn yr unfathiant rhifol canlynol.
    $3 \times 8^{\frac{2}{3}} = 96 \times p^{-\frac{1}{3}}$

Algebra Llinyn 1 Dechrau algebra Uned 4 Gweithio gyda fformiwlâu

YS — YMARFER SGILIAU   DH — DATBLYGUHYDER   DP — DATRYS PROBLEMAU   DA — DULL ARHOLIAD

YS 1 Copïwch a chwblhewch y tabl ar gyfer y peiriant rhif hwn. ● ○ ○

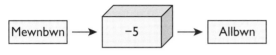

Mewnbwn → −5 → Allbwn

	Mewnbwn	Allbwn
a	20	
b		12
c	2	
ch		−7
d	n	
dd		p

YS 2 Copïwch a chwblhewch y tabl ar gyfer y peiriant rhif hwn. ● ○ ○

Mewnbwn → ×4 → Allbwn

	Mewnbwn	Allbwn
a	3	
b		56
c	0.5	
ch		17
d	m	
dd		q

DH **3** Mae Angus yn meddwl am rif. Mae e'n lluosi'r rhif â 5. Yna mae e'n adio 3.

    a Cyfrifwch y canlyniad os yw Angus wedi meddwl am y rhif

      i 2

      ii 10

      iii n.

    b Cyfrifwch y rhif mae Angus yn meddwl amdano os yw'r canlyniad yn

      i 38

      ii 3

      iii p.

DH **4** Dyma reol i newid maint mewn litrau i faint mewn peintiau.

> Lluosi nifer y litrau ag 1.75 i gael nifer y peintiau.

    a Newidiwch 40 litr yn beintiau.

    b Newidiwch 1050 galwyn yn litrau. 1 galwyn = 8 peint.

DP **DA** **5** Mae Pamela yn llogi car. Mae'r gost £C, am logi'r car am n diwrnod, mewn dau garej gwahanol, yn cael ei ddangos isod.

Bill's Autos	**Carmart**
$C = 11n + 60$	$C = 20n$

    a Os yw Pamela yn llogi car am 8 diwrnod, dangoswch mai *Bill's Autos* yw'r rhataf o'r ddau garej.

    b Am faint o ddiwrnodau byddai'n rhaid i Pamela logi'r car er mwyn i *Carmart* fod y garej rhataf?

DP **DA** **6** Dyma fformiwla i newid graddau canradd (Celsius), C, yn raddau Fahrenheit, F.

$$F = \frac{9C}{5} + 32$$

    a Ar 1 Awst, y tymheredd yn Efrog Newydd oedd 79°F.
       Ar 1 Awst, y tymheredd yn Barcelona oedd 25°C.
       Ym mha ddinas roedd y tymheredd uchaf?

    b Dangoswch fod −20°C yn dymheredd uwch na −5°F.

    c Cyfrifwch y gwahaniaeth rhwng 30°C a 100°F.

Algebra Llinyn 1 Dechrau algebra Uned 5 Llunio a datrys hafaliadau syml

YS — **YMARFER SGILIAU**   **DH** — **DATBLYGU HYDER**   **DP** — **DATRYS PROBLEMAU**   **DA** — **DULL ARHOLIAD**

DH **1** Pa un o'r hafaliadau canlynol sydd heb y datrysiad $x = 3$?

    a $x + 5 = 8$ **b** $7 - 2x = 1$ **c** $1 - x = 4$

DP **DA** **2** Mae hydoedd ochrau petryal yn cael eu rhoi gan $x + 1$, $3x - 2$, $9 - x$ ac $x + 6$.
Cyfrifwch berimedr y petryal.

DP **DA** **3** Mae Geoff yn talu £7.20 am 3 pastai a 2 ddogn o sglodion.
Mae Mel yn talu £4.50 am 5 dogn o sglodion.
Mae Sally yn prynu 2 bastai. Faint mae Sally yn ei dalu?

DP **DA** **4** Cyfrifwch faint yr ongl fwyaf.

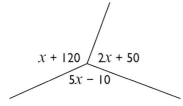

DP **DA** **5** Mae Tom, Lucy a Sadiq yn rhannu'r gyrru ar daith o 145 o filltiroedd.
Mae Tom yn gyrru x milltir. Mae Lucy yn gyrru dair gwaith mor bell â Tom. Mae Sadiq yn gyrru 40 milltir yn fwy na Lucy.
Faint o filltiroedd mae pob un yn gyrru?

DP **DA** **6** Mae Ceri yn meddwl am rif. Mae hi'n lluosi ei rhif â 2 ac yna'n adio 3.
Mae Simon yn meddwl am rif. Mae e'n lluosi ei rif â 3 ac yna'n tynnu 2.
Mae Ceri a Simon yn meddwl am yr un rhif.
Beth yw'r rhif gwnaeth y ddau feddwl amdano?

39

Algebra Llinyn 1 Dechrau algebra Uned 6 Defnyddio cromfachau

YS ─ YMARFER SGILIAU　　**DH** ─ DATBLYGUHYDER　　**DP** ─ DATRYS PROBLEMAU　　**DA** ─ DULL ARHOLIAD

YS **1 a** Ehangwch
    i　$4(3m + 5)$
    ii　$7(h - 3k)$.

    b Ffactoriwch
    i　$12x - 8y$
    ii　$6z + 6$.

YS **2** Mae sudd oren yn costio £x am bob gwydraid. Mae cola yn costio
DA £y am bob gwydraid. Mae brechdanau ham yn costio £a yr un. Mae brechdanau caws yn costio £b yr un. Mae brechdanau salad yn costio £c yr un.

    a Mae Sally, James a Hannah yn cael sudd oren a brechdan gaws yr un. Mae Brian a Gary yn cael cola a brechdan salad yr un. Ysgrifennwch fynegiad algebraidd ar gyfer cyfanswm y gost.

    b Mae tri pherson gwahanol yn dewis diod a brechdan yr un. Cyfanswm y gost yw $3y + 2a + c$. Ysgrifennwch beth gafodd pob un.

DH **3** Ysgrifennwch fynegiad ar gyfer
DA   **a** perimedr y petryal hwn

    b arwynebedd y petryal hwn.
    Rhowch eich atebion ar eu ffurf symlaf.

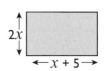
$2x$　$\leftarrow x + 5 \rightarrow$

YS **4 a** Ehangwch
    i　$3(b - 1) + 2(3 - b)$
    ii　$5(a + 2) - 3(1 - a)$

    b Ffactoriwch
    i　$6p^2 - 10p$
    ii　$3c^2d + 9cd^2$.

DH
DA
5 Mae Ella a Liam yn ehangu $2x(3x - 4)$.

Ysgrifennodd Ella: $2x(3x - 4) = 6x^2 - 4$.

Ysgrifennodd Liam: $2x(3x - 4) = 6x - 8x = -2x$.

   a Eglurwch y camgymeriad wnaeth Ella a'r camgymeriad wnaeth Liam.

   b Ehangwch $2x(3x - 4)$.

DP
DA
6 Mae CA, AB a BD yn dair o ochrau pedrochr sydd â'u hyd yn $(x + 2)$ cm. Mae hyd y bedwaredd ochr, X, ddwywaith cymaint â hyd un o'r tair ochr arall.

Dangoswch fod perimedr y pedrochr ABCD yn gallu cael ei ysgrifennu fel $5x + 10$.

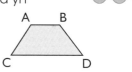

DP
DA
7 Mae Colin yn n mlwydd oed. Mae Della 4 blynedd yn hŷn na Colin. Mae Ezra yn ddwyaith oedran Della.

Dangoswch fod swm eu hoedrannau yn gallu cael ei rannu â 4.

DP
DA
8 Cost llogi car yw £C y dydd am y 4 diwrnod cyntaf. Y gost yw £$(C - 5)$ y dydd am bob diwrnod ychwanegol. Mae Steve yn llogi car am 10 diwrnod.

   a Ysgrifennwch fynegiad, yn nhermau C, ar gyfer y cyfanswm mae'n rhaid i Steve ei dalu. Rhowch eich ateb ar ei ffurf symlaf.

Mae Anne yn talu £$4(3C - 10)$ am logi car.

   b Am sawl diwrnod gwnaeth Anne logi car?

DP
DA
9 Mae'r diagram yn dangos llwybr o amgylch tair o ochrau lawnt mewn gardd. Lled y llwybr yw x metr. Mae'r ardd ar siâp petryal ac yn mesur 20 m wrth 12 m.

Darganfyddwch, yn nhermau x, berimedr y lawnt. Rhowch eich ateb ar ei ffurf symlaf.

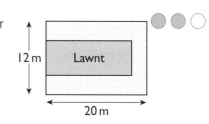

DP
DA
10 Mae Leanne yn meddwl am rif cyfan. Mae hi'n adio 4 at ei rhif ac yna'n lluosi'r canlyniad â 5. Mae Isaac yn meddwl am rif cyfan. Mae e'n tynnu 3 o'i rif ac yna'n lluosi'r canlyniad ag 8.

Dangoswch nad yw'n bosibl bod Leanne ac Isaac wedi meddwl am yr un rhif.

Algebra Llinyn 1 Dechrau algebra Uned 7 Gweithio gyda hafaliadau mwy cymhleth

YS — **YMARFER SGILIAU**   **DH** — **DATBLYGU HYDER**   **DP** — **DATRYS PROBLEMAU**   **DA** — **DULL ARHOLIAD**

YS **DA** **1** Datryswch yr hafaliadau canlynol.

a $5 - 4x = 24$

b $2a - 7 = 1 - 3a$

DP **DA** **2** Mae Mari a Rhodri yn casglu sticeri pêl-droed.
Mae x sticer mewn set lawn o sticeri pêl-droed.
Mae gan Mari 3 set lawn ac 8 sticer. Mae gan Rhodri 1 set lawn a 32 sticer.
Mae'r un nifer o sticeri gan y ddau.
Sawl sticer sydd mewn set lawn?

DP **DA** **3** Mae Bryn yn talu £7.80 am 3 pastai gig a 2 bwdin stêc.
Mae Misha yn talu £12.60 am 7 pastai gig.
Mae Lisa yn talu £2.45 am 1 bastai gig ac 1 dogn o sglodion.
Cyfrifwch gost

a 1 dogn o sglodion

b 1 pwdin stêc.

DH **4** Mae Alex a Josh yn ceisio datrys yr hafaliad hwn.
$8x - 5 = 2x + 10$

Datrysiad Alex
$-5 - 10 = 2x - 8x$
$+15 = -6x$
$x = 15 \div -6 = -2.5$

Datrysiad Josh
$8x - 2x = 10 + 5$
$6x = 15$
$x = 15 - 6 = 9$

a Mae Alex a hefyd Josh wedi gwneud camgymeriad. Eglurwch beth yw camgymeriad pob bachgen.

b Darganfyddwch y datrysiad cywir.

DH **5** Mae angen i Jenny a Rhea ddatrys yr hafaliad hwn.

$5y + 13 = 1 - y$

Dyma sut maen nhw'n dechrau.

Jenny   Rhea

$5y + y = 1 - 13$ $13 - 1 = -y - 5y$

$\quad 6y = -12$ $\quad 12 = -6y$

$\quad\quad y = \text{..............}$ $\quad\quad y = \text{..............}$

a Cwblhewch eu datrysiadau.

b Pa ddull sydd orau gennych chi? Eglurwch pam.

DP
DA **6** Dyma betryal. Mae pob mesuriad
mewn centimetrau.

Cyfrifwch berimedr y
petryal.

$2y + 1$

$17 - 3x$ | $2x - 3$

$3y - 5$

DP
DA **7** Mae Tom yn x blwydd oed.

Mae Bronwyn yn 4 gwaith oed Tom.

Mae Tom 5 mlynedd yn hŷn na Pat.

Ymhen 12 mlynedd, bydd Bronwyn 9 mlynedd yn hŷn na swm
oedrannau Tom a Pat.

Beth oedd oed Pat llynedd?

DP
DA **8** Mae cerbyd E a cherbyd F yn ddau gerbyd ar drên.

Yn Birmingham, mae 37 person yng ngherbyd E a 40 person yng ngherbyd F.

Yn Stoke:

• mae tair gwaith cymaint o bobl yn gadael cerbyd E ag sy'n gadael cerbyd F

• mae 20 person yn mynd ar y trên ac yn mynd i gerbyd E

• mae 11 person yn mynd ar y trên ac yn mynd i gerbyd F.

Nawr mae nifer y bobl yng ngherbyd E yr un peth â nifer y bobl yng ngherbyd F.

Sawl person o gerbyd E aeth oddi ar y trên yn Stoke?

DP
DA **9** Mae'r diagram yn dangos sgwâr
a thriongl hafalochrog. Mae
pob mesuriad mewn centimetrau.

Mae perimedr y sgwâr yn hafal i
berimedr y triongl hafalochrog.

Cyfrifwch arwynebedd y sgwâr.

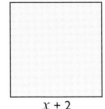
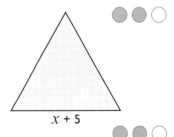

$x + 2$ $x + 5$

DP
DA **10** Onglau triongl isosgeles yw
$(x - 8)°$, $(5x - 16)°$ a $(144 - 3x)°$.

Cyfrifwch faint yr ongl leiaf.

Algebra Llinyn 1 Dechrau algebra Uned 8 Datrys hafaliadau sydd â chromfachau

YS ▸ YMARFER SGILIAU   DH ▸ DATBLYGUHYDER   DP ▸ DATRYS PROBLEMAU   DA ▸ DULL ARHOLIAD

YS **DA** **1** Datryswch yr hafaliadau canlynol.

    a $3 - 2x = 3(x - 7)$

    b $1 - 2(a + 1) = 4(a - 5)$

DH **DA** **2** Mae Toby yn ceisio datrys yr hafaliad hwn.

    $4x - 3 = 1 - (x - 4)$

    Dyma ei ddatrysiad.

    $4x - 3 = 1 - x - 4$

    $4x + x = 1 - 4 + 3$

    $5x = -6$

    $x = -1.2$

    Mae Toby wedi gwneud dau gamgymeriad.

    Eglurwch y camgymeriadau hyn.

DP **DA** **3** Mae hyd y petryal hwn ddwyaith cymaint â'r lled.

    Cyfrifwch berimedr y petryal.

$(4y - 8)$ cm

$(3y + 4)$ cm

DP **DA** **4** Mae pecyn o greision yn costio x ceiniog.

    Mae tun o gola yn costio 70c.

    Mae pob un o 3 bachgen yn prynu un pecyn o greision yr un ac un tun o gola yr un.

    Cyfanswm y gost yw £5.70.

    Mae Arwyn eisiau prynu dau dun o gola ac un pecyn o greision.

    Faint bydd hyn yn ei gostio?

DP **DA** **5** Mae Ruby yn meddwl am rif rhwng 1 ac 15.

    Pan fydd hi'n tynnu'r rhif o 25 ac yna'n lluosi'r canlyniad â 3, bydd hi'n cael yr un ateb â phan fydd hi'n lluosi'r rhif â 4 ac yna'n tynnu 9 o'r canlyniad.

    Pa rif mae Ruby yn meddwl amdano?

6 Mae Rhian yn mynd i orchuddio llawr â 300 o deils petryal fel yr un sy'n cael ei ddangos yn y diagram.

Bydd 15 rhes gyda 20 o'r teils ym mhob rhes.

Mae'r llawr ar siâp petryal ac yn mesur 5 m wrth 2.4 m.

Beth yw dimensiynau pob un o'r teils?

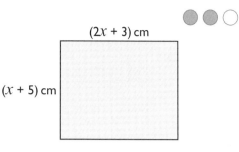

$(2x + 3)$ cm

$(x + 5)$ cm

7 Pan oedd Zach yn 3 oed, ei daldra oedd t cm.

Mae'r tabl yn dangos cynnydd taldra Zach dros y 4 blynedd nesaf.

Oed mewn blynyddoedd	3	4	5	6	7
Cynnydd mewn taldra mewn cm		5	3	2	2

Taldra tad Zach yw 1.80 metr.

Pan oedd Zach yn saith oed, roedd e'n hanner taldra ei dad.

Cyfrifwch beth oedd taldra Zach pan oedd e'n 3 oed.

8 Yn y triongl isosgeles hwn, mae'r ddwy ongl hafal yn cael eu rhoi gan y mynegiad $(x + 20)°$.

Dangoswch fod y drydedd ongl yn gallu cael ei hysgrifennu fel $2(70 - x)°$.

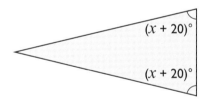

$(x + 20)°$

$(x + 20)°$

9 Radiws cylch yw $(3x - 1)$ cm.

Mae cylchedd y cylch yn hafal i berimedr sgwâr sydd â'i ochrau yn πx cm.

Dangoswch fod arwynebedd y cylch yn gallu cael ei ysgrifennu fel 4π cm².

10 Yn y diagram, mae pob mesuriad mewn centimetrau ac mae pob ongl yn ongl sgwâr.

Dangoswch na allai'r perimedr byth fod yn hafal i 32 cm.

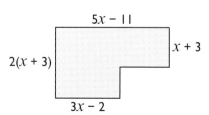

$5x - 11$

$x + 3$

$2(x + 3)$

$3x - 2$

Algebra Llinyn 1 Dechrau algebra Uned 9 Symleiddio mynegiadau mwy anodd

| YS | YMARFER SGILIAU | DH | DATBLYGU HYDER | DP | DATRYS PROBLEMAU | DA | DULL ARHOLIAD |

DP **DA** **1** Mae Waqar, Nathan a Wesley yn chwarae i dîm pêl-droed yr ysgol.

Mae Waqar wedi sgorio 5 gôl yn fwy na Nathan.

Os bydd Nathan yn sgorio gôl arall, bydd wedi sgorio dwywaith cymaint o goliau â Wesley.

Mae Wesley wedi sgorio g gôl. Mae'r tri bachgen wedi sgorio cyfanswm o T gôl.

Ysgrifennwch fynegiad ar gyfer T yn nhermau g.

DP **2** Mae Tom yn meddwl am rif n ac mae'n adio 4.

Mae Jane yn meddwl am rif m ac mae'n tynnu 7.

Ysgrifennwch ac ehangwch fynegiad ar gyfer lluoswm eu canlyniadau.

DP **DA** **3** Ysgrifennwch fynegiad, yn nhermau x, ar gyfer arwynebedd y siâp hwn.

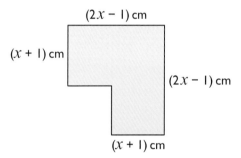

DP **DA** **4** Mae'r diagram yn dangos lawnt ar siâp sgwâr gyda llwybr o'i amgylch.

Hyd ochr y lawnt yw $(x + 3)$ m.

Lled y llwybr yw 1 m.

Ysgrifennwch fynegiad, yn nhermau x, ar gyfer arwynebedd cyfan y llwybr.

DP DA **5** Mae'r diagram yn dangos sgwâr a thriongl ongl sgwâr.

Dangoswch nad yw arwynebedd y sgwâr byth yn hafal i arwynebedd y triongl ongl sgwâr.

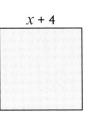

$x + 4$

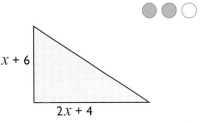

$x + 6$

$2x + 4$

DH DA **6** Dangoswch mai arwynebedd y trapesiwm hwn yw $x^2 - 16$.

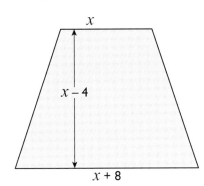

x

$x - 4$

$x + 8$

DP DA **7** Ysgrifennwch yn nhermau x

a arwynebedd y petryal sydd wedi'i dywyllu

b arwynebedd y triongl sydd wedi'i dywyllu.

Ehangwch a symleiddiwch eich mynegiadau, os oes angen.

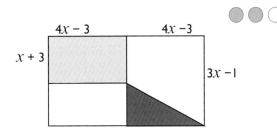

$4x - 3$ $4x - 3$

$x + 3$

$3x - 1$

DP DA **8** Dyma driongl ongl sgwâr.

Ysgrifennwch fynegiad ar gyfer y yn nhermau x.

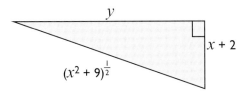

y

$x + 2$

$(x^2 + 9)^{\frac{1}{2}}$

YS DA **9** **a** Ehangwch a symleiddiwch $(y - 5)(y + 8)$.

b Symleiddiwch $\dfrac{(2w^2x)^3}{2w^3x \times 3wx^2}$.

DH DA **10** $\left(x^{n+1}\right)^{n-1} = x^3$

Ar gyfer pa werth o n mae'r gosodiad hwn yn gywir?

Algebra Llinyn 1 Dechrau algebra Uned 10 Defnyddio fformiwlâu cymhleth

YS — **YMARFER SGILIAU** **DH** — **DATBLYGUHYDER** **DP** — **DATRYS PROBLEMAU** **DA** — **DULL ARHOLIAD**

DP
DA
1 Mae *BB Cars* yn defnyddio'r fformiwla $C = 20 + 12.5Gt$ i gyfrifo cost, £C, rhentu car. Yma G yw grŵp y car (1, 2, 3 neu 4) a t yw nifer y diwrnodau mae'r car yn cael ei rentu ar eu cyfer.

Talodd Mair £370 i rentu car oddi wrth *BB Cars*.

Cyfrifwch un posibilrwydd ar gyfer nifer y diwrnodau a grŵp y car roedd Mair wedi ei rentu.

YS
DA
2 Dyma fformiwla.

$v = u + at$

a Cyfrifwch werth v pan fo $u = 25$, $a = -10$ a $t = 3.5$.

b Ad-drefnwch y fformiwla i wneud a yn destun.

c Cyfrifwch werth a pan fo $v = 80$, $u = 60$ a $t = 15$.

DH
DA
3 Y fformiwla ar gyfer cyfrifo cyfaint (C) sffêr yw $C = \frac{4}{3}\pi r^3$. Yma r yw radiws y sffêr.

a Cyfrifwch gyfaint sffêr sydd â'i radiws yn 4.5 cm. Gadewch eich ateb yn nhermau π.

b Cyfrifwch radiws sffêr sydd â'i gyfaint yn 200 mm³. Cymerwch $\pi = 3.14$.

DP
DA
4 Mae tun o gola ar siâp silindr.

Mae cyfaint silindr (C) yn cael ei roi gan y fformiwla $C = \pi r^2 u$. Yma r yw radiws y silindr ac u yw ei uchder.

Mae Peter yn prynu tun sy'n dal 330 ml o gola.

Radiws y tun yw 3.25 cm.

Cyfrifwch uchder y tun. Cymerwch $\pi = 3.14$.

DH
DA
5 Mae arwynebedd arwyneb (A) silindr solet yn gallu cael ei ddarganfod gan ddefnyddio'r fformiwla $A = 2\pi r^2 + 2\pi r u$. Yma r yw radiws y silindr ac u yw ei uchder.

a Cyfrifwch arwynebedd arwyneb silindr sydd â'i radiws yn 7 cm a'i uchder yn 15 cm. Rhowch eich ateb yn nhermau π.

b Cyfrifwch uchder silindr sydd â'i arwynebedd arwyneb yn 20π a'i radiws yn 2 cm.

6 Dyma fformiwla.

$v^2 = u^2 + 2as$

a Cyfrifwch werth v pan fo $u = 20$, $a = 10$ ac $s = 11.25$.

b Ad-drefnwch y fformiwla i wneud u yn destun.

c Cyfrifwch werth u pan fo $v = 9$, $a = 4$ ac $s = 7$.

7 I newid P punnoedd yn E ewros, mae Pete yn defnyddio'r fformiwla
$E = 1.36P$.

I newid P punnoedd yn D doleri, mae Pete yn defnyddio'r fformiwla $D = 1.55P$.

a Ysgrifennwch fformiwla gallai Pete ei defnyddio i newid doleri yn ewros.

b Mae Pete yn gweld oriawr ar werth ar wefan Americanaidd am 200 o ddoleri.
Mae'r un model o oriawr ar werth yn Sbaen am 175 ewro.
Yn y DU, mae'r model hwn o oriawr yn cael ei werthu am 130 punt.
Ym mha arian cyfred mae'r oriawr yn fwyaf rhad?

8 Mae'r fformiwla $T = 2\pi\sqrt{\dfrac{l}{g}}$ yn cael ei defnyddio i gyfrifo cyfnod amser,

T, pendil syml. Yma l yw'r hyd mewn centimetrau a g yw'r cyflymiad oherwydd disgyrchiant.

a Cyfrifwch werth T pan fo $l = 160$ cm a $g = 10$ m/s².
Rhowch eich ateb yn nhermau π.

b Ar gyfer pendil syml arall, $T = \dfrac{2\pi}{7}$.
Cyfrifwch hyd y pendil syml hwn pan fo $g = 9.8$ m/s².

9 Dyma fformiwla.

$c = \sqrt{a^2 + b^2}$

a Gwnewch b yn destun y fformiwla.

b Cyfrifwch werth b pan fo $c = 41$ ac $a = 40$.

 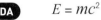

10 Dyma fformiwla.

$E = mc^2$

Cyfrifwch werth

a E pan fo $m = 2 \times 10^{30}$ ac $c = 3 \times 10^8$

b m pan fo $E = 4.5 \times 10^{28}$ ac $c = 3 \times 10^8$.

Algebra Llinyn 2 Dilyniannau
Uned 3 Dilyniannau llinol

YS — YMARFER SGILIAU DH — DATBLYGU HYDER DP — DATRYS PROBLEMAU DA — DULL ARHOLIAD

DH **DA** **1** Dyma bedwar term cyntaf dilyniant.

2   7   12   17

Dyma bedwar term cyntaf dilyniant arall.

4   7   10   13

Mae'r rhif 7 yn y ddau ddilyniant.

a Darganfyddwch y ddau rif nesaf sydd yn y dilyniant cyntaf a hefyd yn yr ail ddilyniant.

Mae John yn dweud bod y rhif 202 yn y ddau ddilyniant.

b Ydy John yn iawn?

DH **DA** **2** Dyma Batrwm rhif 3 a Phatrwm rhif 4 mewn dilyniant o batrymau.

Patrwm rhif 3   Patrwm rhif 4

a Lluniadwch Batrwm rhif 1 a Phatrwm rhif 2.

b Darganfyddwch y rhifau coll yn y tabl ar gyfer y dilyniant hwn o batrymau.

Rhif y patrwm	1	2	3	4	5	10
Nifer y dotiau			8	11		

3 Dyma 2il derm, 4ydd term a 5ed term dilyniant.

___   15   ___   27   33

DH **a** Ysgrifennwch y term 1af a'r 3ydd term yn y dilyniant hwn.

DA **b** Cyfrifwch luoswm 6ed a 7fed term y dilyniant hwn.

Mae Ruth yn dweud bod pob term yn y dilyniant hwn yn odrif.

DP **c** Dangoswch fod Ruth yn iawn.

DP
DA
4 Mae'r angor ar gwch yn cael ei ostwng 3 metr gyda phob tro o'r carn. ◐○○
Mae'r angor 5 metr yn is nag arwyneb y môr yn barod.

    a Sawl metr yn is nag arwyneb y môr fydd yr angor ar ôl n tro o'r carn?

Mae'r angor yn taro gwaelod y môr ar ôl 64 tro o'r carn.

    b Pa mor ddwfn yw'r môr?

DH
DA
5 Darganfyddwch y rhifau coll yn y tabl ar gyfer y patrwm hwn o sêr ◐○○
wedi'u gwneud gyda choesau matsys.

Nifer y sêr	1	2	3	4	8	20	n
Nifer y matsys	10	19	28				

DP
DA
6 Mae peiriant yn gwneud darnau ar gyfer ffôn symudol. Mae'r rhestr yn ◐○○
dangos nifer y darnau sydd wedi'u gwneud am 1 p.m. a phob 5 munud
ar ôl 1 p.m.

240   265   290   315   340

Faint o ddarnau fydd wedi'u gwneud erbyn 2.30 p.m?

7 Dyma bedwar term cyntaf dilyniant.

150   138   126   114

YS   **a** Ysgrifennwch y ddau derm nesaf yn y dilyniant hwn. ◐○○

DP   **b** Ym mha safle mae'r rhif negatif cyntaf yn y dilyniant hwn? ◐○○

DA   **c** Dangoswch fod $n$fed term y dilyniant hwn yn gallu cael ei ◐◐○
ysgrifennu ar y ffurf $6(a + bn)$.

DP
DA
8 Dyma bump term cyntaf dilyniant.

3   7   11   15   19

    a **i** Ysgrifennwch y ddau derm nesaf yn y dilyniant hwn. ◐○○

       ii Eglurwch sut gwnaethoch chi gael eich ateb i ran **i**. ◐○○

    b Darganfyddwch 15fed term y dilyniant hwn. ◐○○

    c Ysgrifennwch, yn nhermau n, yr $n$fed term yn y dilyniant hwn. ◐◐○

DP
DA
9 $n$fed term dilyniant A yw $2n + 1$. $n$fed term dilyniant B yw $4n - 3$.

    a Faint o'r 10 rhif cyntaf yn nilyniant A sy'n rhifau cysefin? ◐○○

    b Dangoswch fod swm yr holl rifau cyfatebol ym mhob dilyniant ◐◐○
yn eilrif bob tro.

Algebra Llinyn 2 Dilyniannau
Uned 4 Dilyniannau arbennig

YS YMARFER SGILIAU DH DATBLYGUHYDER DB DATRYS PROBLEMAU DA DULL ARHOLIAD

DH **1** Dyma wyth term cyntaf dilyniant.

0   2   2   4   6   10   16   26

a Disgrifiwch y rheol ar gyfer cyfrifo'r termau yn y dilyniant hwn.

b Mae Johan yn dweud: 'Rhaid i bob term yn y dilyniant hwn fod yn eilrif.'
Eglurwch pam mae Johan yn iawn.

c Beth sy'n arbennig am y rhifau hyn?

YS DA **2** Dyma'r tri phatrwm cyntaf mewn dilyniant o batrymau.

  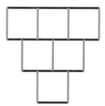

a Ysgrifennwch y 5 term cyntaf yn y dilyniant sy'n cael ei ffurfio gan y llinellau fertigol.

b Dangoswch fod $n$fed term y dilyniant hwn yn gallu cael ei ysgrifennu fel
$$\frac{n(n+3)}{2}.$$

DP DA **3** Dyma ddilyniant o batrymau wedi'u gwneud gyda dotiau a llinellau syth.

  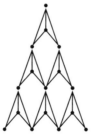

Patrwm I   Patrwm 2   Patrwm 3

a Darganfyddwch y rhifau coll yn y tabl.

Rhif y patrwm	1	2	3	4	10
Nifer y dotiau	4	9			
Nifer y llinellau	5	15			
Nifer y trionglau	2	6			

b Ysgrifennwch, yn nhermau n, yr $n$fed term ar gyfer dilyniant y dotiau.

c i Dangoswch mai'r $n$fed term ar gyfer dilyniant y trionglau yw $n^2 + n$.

  ii Defnyddiwch $n^2 + n$ i'ch helpu chi i ysgrifennu, yn nhermau n, yr $n$fed term ar gyfer dilyniant y llinellau.

DP **DA** **4** Dyma dri therm cyntaf dilyniant.

    1   3   7

Mae Alan yn dweud mai'r term nesaf yn y dilyniant hwn yw 13. Mae Becky yn dweud mai'r term nesaf yn y dilyniant hwn yw 15.

a Eglurwch sut gallai Alan **a hefyd** Becky fod yn iawn.

b i Ysgrifennwch 5ed term dilyniant Alan.

  ii Ysgrifennwch 5ed term dilyniant Becky.

DP **DA** **5** Dyma bedwar term cyntaf dilyniant.

    16   8   4   2

a Ysgrifennwch dri therm nesaf y dilyniant hwn.

b Pa un o'r mynegiadau canlynol yw $n$fed term y dilyniant hwn?

$$\frac{32}{2^{n+1}} \quad \frac{n}{2} \quad 2n \quad \frac{32}{2^{n-1}} \quad \frac{32}{2^n}$$

DP **DA** **6** P_n yw perimedr triongl hafalochrog.

Mae'r triongl hafalochrog nesaf yn cael ei ffurfio drwy gysylltu canolbwyntiau'r triongl.

Mae hyn yn cael ei ddangos yn y diagram.

$P_1 = 3s$

Ysgrifennwch P_2, P_3, P_4 a P_5 yn nhermau s.

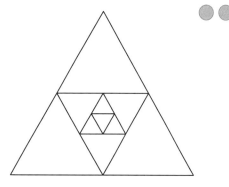

Algebra Llinyn 2 Dilyniannau
Uned 5 Dilyniannau cwadratig

YS ── YMARFER SGILIAU   DH ── DATBLYGUHYDER   DP ── DATRYS PROBLEMAU   DA ── DULL ARHOLIAD

YS
DA

1 **a** Ysgrifennwch y pedwar term cyntaf mewn dilyniant cwadratig sydd â'r $n$fed term $2n^2 - 6n + 5$.

 b Eglurwch pam mae pob term yn y dilyniant hwn yn odrif.

DP
DA

2 Dyma'r termau cyntaf mewn dilyniant.

0, 4, 18, 48, 100, …

 a Eglurwch pam nad yw hwn yn ddilyniant cwadratig.

 b Darganfyddwch y 10fed term.

DP
DA

3 $n$fed term dilyniant rhifyddol yw $2n + 10$.

 $n$fed term dilyniant cwadratig yw $n^2 - n$.

 a Pa rif sydd yn y ddau ddilyniant ac yn yr un safle?

 b Mae Otis yn dweud mai dim ond tri therm yn y dilyniant cwadratig sydd ddim yn y dilyniant rhifyddol. Eglurwch pam mae Otis yn gywir ac ysgrifennwch y tri therm hyn.

DH
DA

4 Dyma batrwm sydd wedi'i wneud o ddotiau.

Patrwm 1   Patrwm 2   Patrwm 3   Patrwm 4   Patrwm 5

 a Copïwch y patrymau. Ym mhob patrwm, cysylltwch bob pâr o ddotiau â llinell syth.

 b Ysgrifennwch nifer y llinellau ym mhob patrwm.

 c Mae nifer y llinellau sydd wedi'u tynnu ym mhob patrwm yn ffurfio dilyniant cwadratig. Ysgrifennwch $n$fed term y dilyniant hwn.

DP
DA

5 $n^2 + 4n$ yw $n$fed term dilyniant cwadratig.

 $2n^2 - 5n$ yw $n$fed term dilyniant cwadratig gwahanol.

 a Mae Angus yn dweud bod y rhif 12 yn y ddau ddilyniant.

 Ydy Angus yn iawn? Eglurwch eich ateb.

 b Ar gyfer pa werth o n mae'r term yr un peth yn y ddau ddilyniant?

6 Yn y patrwm hwn, mae llinellau wedi'u tynnu o bob fertig i ganolbwynt
DA pob ochr y tu mewn i rai polygonau rheolaidd.

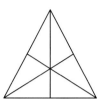 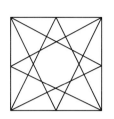 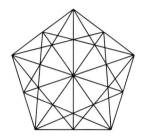

a Ysgrifennwch nifer y llinellau sydd wedi'u tynnu y tu mewn i bob un o'r polygonau hyn.

b Sawl llinell fyddai y tu mewn i hecsagon rheolaidd?

c Mae nifer y llinellau yn y patrwm yn ffurfio dilyniant cwadratig. Ysgrifennwch yr $n$fed term ar gyfer y dilyniant hwn.

ch Sawl llinell fyddai mewn polygon rheolaidd sydd ag 12 ochr?

 7 Dyma bump o 6 therm cyntaf dilyniant cwadratig.
DA

 2   4   7   ...   16   22

a Ysgrifennwch y term coll.

b Beth yw 20fed term y dilyniant hwn?

c Ysgrifennwch y fformiwla safle-i-derm.

 8 Dyma batrwm sydd wedi'i wneud o deils trionglog du a gwyn.
DA

   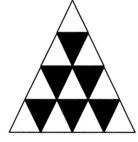

a Ysgrifennwch fynegiad yn nhermau n ar gyfer dilyniant y trionglau du.

b Ysgrifennwch fynegiad yn nhermau n ar gyfer dilyniant y trionglau gwyn.

c Dangoswch mai dilyniant rhifau sgwâr yw'r dilyniant sy'n cael ei ffurfio gan gyfanswm y trionglau bach ym mhob patrwm.

Algebra Llinyn 2 Dilyniannau Uned 6 $n$fed term dilyniant cwadratig

YS – **YMARFER SGILIAU**   **DH** – **DATBLYGUHYDER**   **DP** – **DATRYS PROBLEMAU**   **DA** – **DULL ARHOLIAD**

YS **1** Cysylltwch bob fformiwla $n$fed term â'r dilyniant cwadratig cywir.

a	$n^2 + 3n$	**A**	6, 8, 8, 6, 2
b	$2n^2 - n - 5$	**B**	0, –1.5, –4, –7.5, –12
c	$5n - n^2 + 2$	**C**	–4, 1, 10, 23, 40
ch	$\dfrac{1 - n^2}{2}$	**CH**	4, 10, 18, 28, 40

DP **2** Roedd Bilal wedi sefydlu cwmni cyfrifiadurol yn 2010. Elw'r cwmni,
DA mewn £ miliwn, am y 5 mlynedd cyntaf ers 2010 oedd 0, 2, 6, 12, 20.
Pe bai'r patrwm yn parhau

a pa elw allai Bilal ddisgwyl ei wneud yn y flwyddyn nesaf?

b pa elw allai Bilal ddisgwyl ei wneud ar ôl i'r cwmni fodoli am n o flynyddoedd?

c ym mha flwyddyn bydd yr elw yn fwy na £100 miliwn am y tro cyntaf?

DP **3** Mae $n$fed term dilyniant yn cael ei roi gan $n^2 + n + 1$.
DA

a Mae Kyle yn dweud bod pob term yn y dilyniant hwn yn rhif cysefin.
Dangoswch fod Kyle yn anghywir.

b Faint o'r deg term cyntaf sydd ddim yn rhifau cysefin?

DP **4** Dyma'r tri phatrwm cyntaf mewn dilyniant o batrymau sydd wedi'u
DA gwneud o drionglau a hecsagonau.

  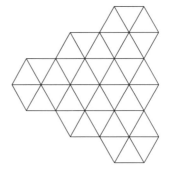

S yw dilyniant nifer yr ymylon sydd gan yr hecsagonau ym mhob patrwm. T yw dilyniant nifer yr ymylon sydd gan y trionglau bach ym mhob patrwm.

Yn y dilyniant sy'n cael ei ffurfio drwy dynnu dilyniant T, derm wrth derm, o ddilyniant S mae'r *n*fed term yn cael ei roi gan $an^2 + bn$.

Cyfrifwch werthoedd a a b.

DP **DA** **5** Mae *n*fed term dilyniant yn cael ei roi gan $n^2 - 2n + 5$. Mae *n*fed term dilyniant gwahanol yn cael ei roi gan $n^2 + n - 7$.

    a Pa derm sydd â'r un gwerth ac sydd yn yr un safle yn y ddau ddilyniant?

    b Eglurwch pam mai hwn yw'r unig derm cyffredin.

YS **6** Cyfrifwch *n*fed term pob un o'r dilyniannau cwadratig canlynol.

    a 2, 2, 0, –4, –10

    b –1, 0, 2, 5, 9

    c –6, –4, 0, 6, 14

    ch –6, –4, 6, 24, 50

DH **DA** **7** Dyma'r tri phatrwm cyntaf mewn dilyniant o batrymau sydd wedi'u gwneud o fatsys.

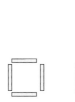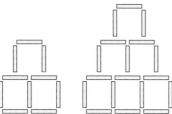

    a Cyfrifwch nifer y matsys yn yr *n*fed patrwm.

    b Beth yw'r gwerth mwyaf o n sy'n gallu cael ei wneud â 200 o fatsys?

DP **DA** **8** Dyma bump term cyntaf dilyniant cwadratig.

    5   24   55   98   153

Mae *n*fed term y dilyniant hwn yn cael ei ysgrifennu ar y ffurf $an^2 + bn + c$.

    a Cyfrifwch werthoedd a, b ac c.

    b Profwch fod yr holl dermau sydd mewn safleoedd eilrif yn eilrifau.

Algebra Llinyn 3 Ffwythiannau a graffiau Uned 2 Plotio graffiau ffwythiannau llinol

YS — **YMARFER SGILIAU**   DH — **DATBLYGU HYDER**   DP — **DATRYS PROBLEMAU**   DA — **DULL ARHOLIAD**

DH **1** Mae llaeth yn cael ei werthu am 90c y litr.

    a Cyfrifwch y gwerthoedd coll yn y tabl hwn.

Nifer y litrau	1	2	5	10	20	50	100
Cost mewn £	0.90			9			90

    b Lluniadwch graff i ddangos y wybodaeth hon am gost llaeth.

    c Darganfyddwch gost 30 litr o laeth.

    ch Faint o litrau o laeth sy'n gallu cael eu prynu am £20?

DH
DA **2** Mae cwmni Lisa yn talu ei threuliau teithio am bob milltir mae hi'n teithio.

    a Cyfrifwch y gwerthoedd coll yn y tabl hwn.

Milltiroedd wedi'u teithio	5	10	15	20	25	30	35	40
Treuliau (£)	4	8		16			28	

    b Lluniadwch graff i ddangos y wybodaeth hon.

    c Mae Lisa'n teithio 28 milltir. Cyfrifwch faint mae'r cwmni'n ei dalu iddi.

    ch Talodd cwmni Lisa £60 iddi ar gyfer treuliau teithio. Faint o filltiroedd deithiodd Lisa?

DP
DA **3** Mae'r rheol hon yn gallu cael ei defnyddio i gyfrifo'r amser, mewn eiliadau, mae'n ei gymryd i lwytho traciau cerddoriaeth i lawr.

    Amser = 25 × nifer y traciau cerddoriaeth + 10

    a Cyfrifwch y wybodaeth goll yn y tabl hwn o werthoedd.

Nifer y traciau	2	4	6		10	12
Amser (eiliadau)	60			210		

    b Lluniadwch graff i ddangos yr amser mae'n ei gymryd i lwytho traciau cerddoriaeth i lawr.

    c Faint o draciau sy'n gallu cael eu llwytho i lawr mewn 5 munud?

DP
DA
4 Mae Vijay yn byw 3 cilometr o'i ysgol. Mae'r graff teithio yn dangos taith Vijay i'r ysgol un diwrnod.

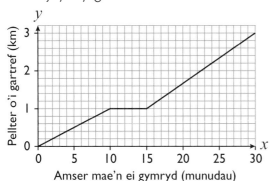

a Disgrifiwch y tri cham yn nhaith Vijay i'r ysgol.

Ar ddiwrnod arall, gadawodd Vijay ei gartref am 08:15. Am 08:32 arhosodd mewn siop i brynu diod. Mae'r siop 1.4 km o'r ysgol. Am 08:38 gadawodd e'r siop a pharhau i gerdded i'r ysgol. Cyrhaeddodd yr ysgol am 08:45.

b Lluniadwch graff teithio i ddangos ei daith.

DP
DA
5 Mae Peter yn mynd ar ei wyliau i Praha. Yr arian cyfred yn Praha yw'r koruna Tsiec (czk). Y gyfradd gyfnewid yw £1 = 30czk.

a Lluniadwch graff allai gael ei ddefnyddio i drawsnewid rhwng £ (punnoedd) a czk (koruna Tsiec).

Prynodd Peter fag dillad yn Praha. Talodd ef 750czk am y bag dillad. Yn Llundain mae'r un model o fag dillad yn costio £34.

b Faint o arian arbedodd Peter drwy brynu'r bag dillad yn Praha?

DP
DA
6 Mae Pat yn dosbarthu parseli. Mae'r tabl yn dangos cost dosbarthu parseli ar gyfer teithiau gwahanol.

Pellter mewn milltiroedd	10	20	30	40	50
Cost mewn £	20	30	40	50	60

a Lluniadwch graff i ddangos y wybodaeth hon.

Ar gyfer pob parsel mae Pat yn ei ddosbarthu mae tâl sefydlog ynghyd â thâl am bob milltir.

b Defnyddiwch eich graff i gyfrifo'r tâl sefydlog a'r tâl am bob milltir.

Mae Vanessa hefyd yn dosbarthu parseli. Ar gyfer pob parsel mae Vanessa yn ei ddosbarthu mae'n costio £1.50 am bob milltir. Does dim tâl sefydlog.

c Cymharwch gost cael parsel wedi'i ddosbarthu gan Pat â chost cael parsel wedi'i ddosbarthu gan Vanessa.

DH
DA
7 Lluniadwch graff $y = 2x + 3$ ar gyfer gwerthoedd x o $x = -3$ i $x = 1$.

Algebra Llinyn 3 Ffwythiannau a graffiau Uned 3 Hafaliad llinell syth

YS — YMARFER SGILIAU   DH — DATBLYGU HYDER   DP — DATRYS PROBLEMAU   DA — DULL ARHOLIAD

YS **1** Yma mae rhai llinellau wedi'u tynnu ar grid cyfesurynnau.

a Ysgrifennwch hafaliad

  i y llinell lorweddol sy'n mynd trwy A

  ii y llinell fertigol sy'n mynd trwy B

  iii y llinell CD.

b Tynnwch y llinellau sydd â'r hafaliad

  i $x = 2.5$

  ii $y = -3$.

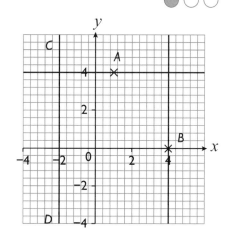

DP **2** Mae'r diagram yn dangos y llinell PQ. Mae llinell, L, yn baralel i PQ ac
DA yn mynd trwy'r pwynt $(9, 0)$. Darganfyddwch hafaliad y llinell L.

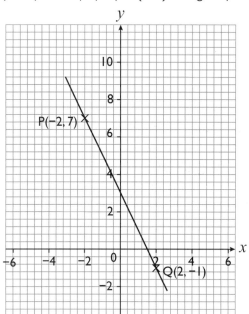

60

DP **3** Yma mae rhai llinellau wedi'u tynnu ar grid cyfesurynnau.

    a Ysgrifennwch hafaliad ar gyfer

      i P

      ii Q

      iii R.

    b Ar gopi o'r grid, tynnwch y llinellau sydd â'r hafaliadau

      i $y = 3x$

      ii $x - y = 3$.

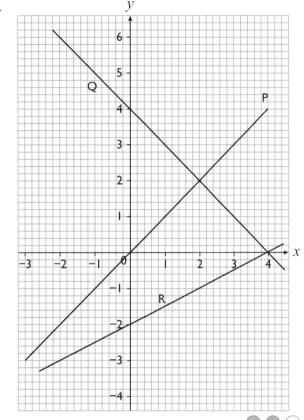

DP **DA** **4** Dyma hafaliadau dwy linell.

$y = 1.5x - 4$ $3x - 2y = 4$

Mae Brian yn dweud bod y ddwy linell yn baralel. Mae Jane yn dweud bod gan y ddwy linell yr un rhyngdoriad y.

    a Pwy sy'n iawn, Brian neu Jane, neu ydy'r ddau yn iawn?

    b Ysgrifennwch beth yw graddiant $y = 1.5x - 4$.

DP **DA** **5** Pwynt sydd â'r cyfesurynnau (5, 3) yw A. Pwynt sydd â'r cyfesurynnau (3, –7) yw B.

    a Cyfrifwch hafaliad llinell syth sy'n mynd trwy A a B.

Rhyngdoriad y llinell syth arall, L, yw 1. Mae L yn baralel i AB.

    b Darganfyddwch hafaliad L.

DP **DA** **6** Mae'r llinell, M, yn mynd trwy'r pwynt (–2, 5). Mae'n baralel i'r llinell sydd â'r hafaliad $x + y = 5$.

    a Darganfyddwch hafaliad y llinell M.

Mae'r llinell sydd â'r hafaliad $y = 2x$ yn croestorri M yn y pwynt B.

    b Ysgrifennwch gyfesurynnau'r pwynt B.

    c Darganfyddwch werth x pan fo $y = 8$.

Algebra Llinyn 3 Ffwythiannau a graffiau Uned 4 Plotio graffiau cwadratig a chiwbig

YS — YMARFER SGILIAU   **DH** — DATBLYGUHYDER   **DP** — DATRYS PROBLEMAU   **DA** — DULL ARHOLIAD

YS **1** **a** Dyma dabl o werthoedd ar gyfer $y = x^2 + 3x - 5$. Cyfrifwch y gwerthoedd coll yn y tabl.

x	–3	–2	–1	0	1	2	3	4
y	–5			–5		5		

b Dyma dabl o werthoedd ar gyfer $y = 1 + 2x - 3x^2$. Cyfrifwch y gwerthoedd coll yn y tabl.

x	–3	–2	–1	0	1	2	3	4
y		–15		0				–39

YS **2** **a** Dyma dabl o werthoedd ar gyfer $y = x^3 - x + 4$. Cyfrifwch y gwerthoedd coll yn y tabl.

x	–3	–2	–1	0	1	2	3	4
y		–2		4	4			64

b Dyma dabl o werthoedd ar gyfer $y = 2x^3 - 6x^2 + 3x - 1$. Cyfrifwch y gwerthoedd coll yn y tabl.

x	–3	–2	–1	0	1	2	3	4
y			–12		–2		8	

DH **3** Mae'r diagram ar dudalen 63 yn dangos rhan o graff $y = 2x^2 - x - 6$.

a Ysgrifennwch gyfesurynnau'r rhyngdoriad y.

b Ysgrifennwch ddatrysiadau'r hafaliad $2x^2 - x - 6 = 0$.

c Drwy ystyried y llinell $y = -3$, amcangyfrifwch ddatrysiadau'r hafaliad $2x^2 - x - 3 = 0$.

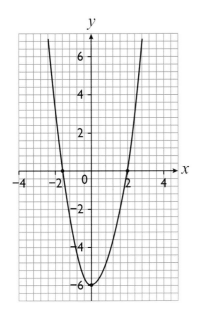

4 Mae'r diagram yn dangos rhan o graff $y = x^3 - 2x^2 - 3x$.

  a Ysgrifennwch ddatrysiadau'r hafaliad $x^3 - 2x^2 - 3x = 0$.

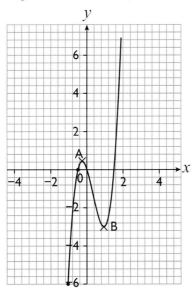

  b Amcangyfrifwch gyfesurynnau'r pwyntiau A a B.

  c Dangoswch mai dim ond un datrysiad sydd gan yr hafaliad $x^3 - 2x^2 - 3x = 4$.

DH **DA** **5** Dyma dabl o werthoedd ar gyfer $y = x^2 - 2x - 3$.

x	–3	–2	–1	0	1	2	3	4
y		5		–3				5

    a Cyfrifwch y gwerthoedd coll yn y tabl.

    b Lluniadwch graff $y = x^2 - 2x - 3$.

    c Defnyddiwch eich graff i amcangyfrif y datrysiadau i $x^2 - 2x - 3 = 0$.

DH **DA** **6** Dyma dabl o werthoedd ar gyfer $y = x^3 - 2x^2 - 5x + 6$.

x	–3	–2	–1	0	1	2	3	4
y				6		0		

    a Cyfrifwch y gwerthoedd coll yn y tabl.

    b Lluniadwch graff $y = x^3 - 2x^2 - 5x + 6$.

    c Defnyddiwch eich graff i ddatrys $x^3 - 2x^2 - 5x + 6 = 0$.

DH **DA** **7** **a** Lluniadwch graff $y = 3 + x - 4x^2$.

    b Defnyddiwch eich graff i amcangyfrif y datrysiadau i $3 + x - 4x^2 = 0$.

DH **DA** **8** Ar yr un echelinau, lluniadwch graffiau $y = x^3 - x$ ac $y = x$.
Mae'r graffiau'n croesi yn y pwyntiau A, B ac C.

    a Ysgrifennwch gyfesurynnau'r pwyntiau A, B ac C.

    b Mae cyfesurynnau x y pwyntiau A, B ac C yn ddatrysiadau hafaliad ciwbig.
Ysgrifennwch yr hafaliad hwn.

    c Ysgrifennwch hafaliad llinell syth gallech chi ei thynnu i ddatrys $x^3 - 3x = 3$.

DP **DA** **9** Mae pêl griced yn cael ei thaflu i fyny'n fertigol o 2 fetr uwchlaw'r
ddaear. Mae ei llwybr yn cael ei fodelu gan y ffwythiant cwadratig
$u = 2 + 9a - 5a^2$. Yma u yw uchder y bêl ac a yw'r amser.

    a Lluniadwch graff u yn erbyn a gyfer gwerthoedd a 0 i 2 ar gyfyngau o 0.25.

    b Defnyddiwch eich graff i ddarganfod yr uchder mwyaf mae'r bêl yn ei
gyrraedd uwchlaw'r ddaear.

Algebra Llinyn 3 Ffwythiannau a graffiau Uned 5 Darganfod hafaliadau llinellau syth

 YMARFER SGILIAU
DH DATBLYGUHYDER
 DP DATRYS PROBLEMAU
 DA DULL ARHOLIAD

YS **1** Ysgrifennwch hafaliad y llinell sydd â'r graddiant

    a 6 ac sy'n mynd trwy (1, 5)

    b –4 ac sy'n mynd trwy (3, 10)

    c 3.5 ac sy'n mynd trwy (–2, –12).

DH **2** Mae'r triongl PQR yn cael ei luniadu ar grid cyfesurynnau.

    a Ysgrifennwch hafaliadau'r tair llinell sy'n ffurfio'r triongl hwn.

    b Cyfrifwch arwynebedd y triongl PQR.

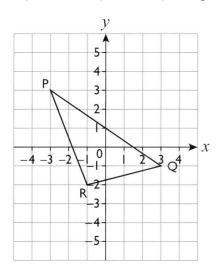

DP **DA** **3** Mae'r graff yn dangos y prisiau sy'n cael eu codi gan *Safe Car Hire*.
Mae'n dangos y berthynas rhwng y tâl (£C) a nifer y diwrnodau (n) mae'r car yn cael ei logi ar eu cyfer.

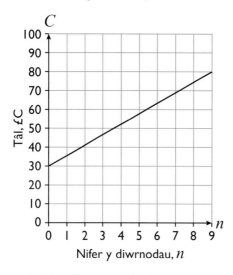

Nifer y diwrnodau, n

a i Ysgrifennwch beth yw graddiant y graff hwn.

ii Beth mae'r graddiant hwn yn ei gynrychioli?

b Ysgrifennwch hafaliad y graff llinell syth uchod.

c Mae Alan yn llogi car oddi wrth *Safe Car Hire* am 20 diwrnod.
Cyfrifwch gyfanswm y tâl.

DP **DA** **4** Mae'r graff yn dangos yr amser, T munud, i goginio twrci sydd â'r màs m lb (pwys).

Mae T yn cael ei roi gan y fformiwla $T = am + b$.

a Cyfrifwch werthoedd a a b.

b Cyfrifwch amser coginio damcaniaethol twrci sydd â'r màs 26 lb.

Rhowch eich ateb mewn oriau a munudau.

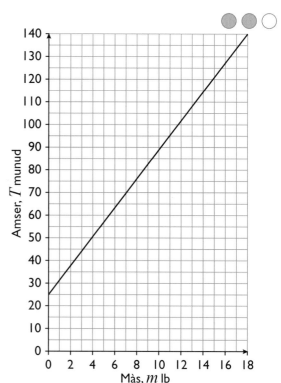

Màs, m lb

DP
DA
5 Mae'r llinell l yn mynd trwy'r pwyntiau A(0, 5) a B(5, 0).
Mae'r llinell m yn mynd trwy'r pwyntiau D(0, 2) ac C(2, 0).

    a Ysgrifennwch hafaliad y ddwy linell.

    b Cyfrifwch arwynebedd y pedrochr ABCD.

DH
DA
6 Mae'r ddwy linell syth, p a q, wedi'u tynnu ar grid cyfesurynnau.

    a Ysgrifennwch hafaliad y ddwy linell.

    b Ysgrifennwch hafaliad y llinell syth sy'n baralel i p ac sy'n mynd trwy (1, 5).

    c Beth yw cyfesurynnau'r pwynt lle mae'r llinellau p a q yn croestorri?

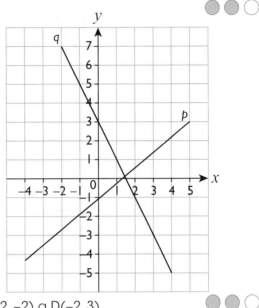

DP **7** Fertigau sgwâr yw A(3, 3), B(3, –2), C(–2, –2) a D(–2, 3).

    a Ysgrifennwch hafaliadau'r croeslliniau.

    b Beth yw lluoswm graddiannau'r ddwy groeslin?

YS
DA
8 a Ysgrifennwch beth yw graddiant y llinell syth sy'n cysylltu'r pwyntiau E(5, 8) ac F(–3, 20).

    b Mae Toby yn dweud bydd y llinell syth sy'n mynd trwy E ac F yn ymestyn trwy'r pwynt G(40, –45).
Ydy Toby'n iawn?

DP
DA
9 Mae'r llinell l yn mynd trwy'r pwyntiau A(7, 2) a B(4, 4).
Mae gan y llinell m yr hafaliad $2x + 3y = 5$.

    a Profwch fod l ac m yn baralel.

    b Mae gan y llinell n y graddiant 1.5 ac mae'n mynd trwy ganolbwynt AB. Ysgrifennwch yr hafaliad ar gyfer n.

DP
DA
10 Fertigau pedrochr yw A(4, 5), B(9, 2), C(1, –1) a D(–4, 2).

    a Profwch mai paralelogram yw ABCD.

    b Ysgrifennwch hafaliad y llinell sy'n mynd trwy A ac C.

Algebra Llinyn 3 Ffwythiannau a graffiau Uned 6 Llinellau perpendicwlar

YS – **YMARFER SGILIAU**   **DH** – **DATBLYGUHYDER**   **DP** – **DATRYS PROBLEMAU**   **DA** – **DULL ARHOLIAD**

YS **1** Edrychwch ar y diagram.

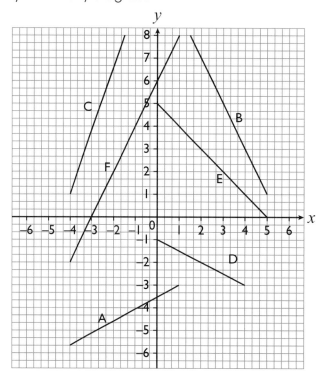

a Pa linellau ar y grid sydd
   i yn baralel
   ii yn berpendicwlar
   i'r llinell sydd â'r hafaliad $y = 2x - 3$?

b Ysgrifennwch hafaliad pob un o'r llinellau gafodd eu dewis yn rhan **a**.

MATHEMATEG YN UNIG

68

MATHEMATEG YN UNIG

YS **2** Ysgrifennwch beth yw graddiant llinell sy'n berpendicwlar i'r llinell
DA sydd â'r hafaliad:

  a $y = 2x - 1$

  b $y = 1 - 2x$

  c $2y = 1 - x$

  ch $x + 3y = 1$

  d $y - 1 = \dfrac{2x}{3}$

  dd $5x + 4y = 20$

DH **3** Triongl ongl sgwâr yw ABC. Mae ongl A = 90°.
DA

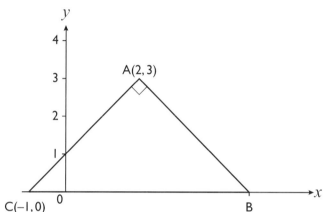

  a Ysgrifennwch hafaliad y llinell AB.

  b Beth yw cyfesurynnau B?

  c Cyfrifwch arwynebedd y triongl ABC.

YS **4** Dyma hafaliadau wyth llinell syth.
DA

  A $y = 2x - 3$ **B** $y = 5 - 3x$ **C** $3y - x = 7$ **CH** $x + y = 3$

  D $y = \dfrac{2x-1}{2}$ **DD** $y = 3(1 - x)$ **E** $y = \dfrac{x}{3} - 2$ **F** $x = 3(y + 2)$

  a Pa linellau sy'n baralel?

  b Pa linellau sy'n berpendicwlar i'w gilydd?

DP **5** Darganfyddwch hafaliad llinell sy'n berpendicwlar i $y = 4x + 3$ ac
DA sy'n mynd trwy'r pwynt (1, 7).

69

MATHEMATEG YN UNIG

DP **DA** **6** **a** Tynnwch y llinell sydd â'r hafaliad $2y = x - 2$. Defnyddiwch yr un raddfa ar bob echelin.

b Darganfyddwch hafaliad y llinell sy'n berpendicwlar i $2y = x - 2$ ac sy'n mynd trwy $(2, 0)$.

c Cyfrifwch arwynebedd y triongl sydd â'r perpendicwlar hwn, y llinell $2y = x - 2$ a'r echelin-y yn ffin iddo.

DP **DA** **7** **a** Llinell sydd â'r hafaliad $2x + 3y = 6$ yw L. Ar bapur graff, lluniadwch L.

b Mae'r pwynt $(6, -2)$ ar L. Mae P yn llinell syth sy'n berpendicwlar i L ac yn mynd trwy $(6, -2)$. Darganfyddwch hafaliad ar gyfer P.

c Beth yw cyfesurynnau rhyngdoriadau P â'r echelinau?

ch Darganfyddwch yr arwynebedd sydd ag L, P a'r echelin-x yn ffin iddo.

DP **DA** **8** Un o groesliniau barcut ABCD yw AC.

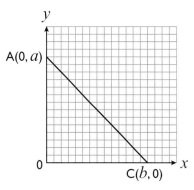

Profwch fod hafaliad y groeslin arall yn gallu cael ei ysgrifennu fel $y = \dfrac{2bx + a^2 - b^2}{2a}$.

DP **DA** **9** $A(2, 2)$ a $B(12, 2)$ yw pwyntiau terfyn diamedr hanner cylch. Pwynt ar gylchyn yr hanner cylch yw'r pwynt $P(4, 6)$. Darganfyddwch hafaliad y tangiad i'r hanner cylch yn P.

DP **DA** **10** Sgwâr yw ABCD. Mae $A(4, 6)$ ar y llinell sydd â'r hafaliad $y = 0.5x + 4$. Mae'r perpendicwlar i $y = 0.5x + 4$ sy'n mynd trwy A yn cwrdd â'r echelin-x yn B. AB yw un o ochrau'r sgwâr ABCD.

Beth yw cyfesurynnau'r pwyntiau C a D?

Algebra Llinyn 4 Dulliau algebraidd Uned 1 Cynnig a gwella

YS — YMARFER SGILIAU   DH — DATBLYGU HYDER   DP — DATRYS PROBLEMAU   DA — DULL ARHOLIAD

DH 1 Mae gan yr hafaliad $x^3 + 2x = 25$ ddatrysiad rhwng 2 and 3. ⚫⚫⚫

    a Cyfrifwch y datrysiad hwn yn gywir i 1 lle degol.

    b Pa brawf mae'n rhaid ei wneud bob tro i gadarnhau bod y datrysiad yn fanwl gywir i 1 lle degol?

DH 2 Mae datrysiad i'r hafaliad $2b^3 - b - 42.5 = 0$ i'w gael rhwng 2 a 3. ⚫⚫⚫
Darganfyddwch y datrysiad hwn yn gywir i 2 le degol.

DH 3 Mae gan yr hafaliad $4x^3 - 50x = 917.7$ ddatrysiad rhwng 6 a 7. ⚫⚫⚫

    a Cyfrifwch y datrysiad hwn yn gywir i 1 lle degol.

    b Pa brawf mae'n rhaid ei wneud bob tro i gadarnhau bod y datrysiad yn fanwl gywir i 1 lle degol?

DP 4 Lluoswm $e^2 + 1$ ac $e - 1$ yw 420.5 ⚫⚫⚫
Defnyddiwch ddull cynnig a gwella i ddarganfod gwerth positif o e yn gywir i 1 lle degol.

DP 5 Mae gan yr hafaliad $x(x - 1)(x + 5) = 384$ ddatrysiad rhwng 6 a 7. ⚫⚫⚫

    a Darganfyddwch y datrysiad hwn yn gywir i 2 le degol.

    b Sut gwnaethoch chi gadarnhau eich datrysiad i wybod ei fod yn fanwl gywir i 2 le degol?

DP 6 Mae sylfaen blwch yn sgwâr. ⚫⚫⚫
Mae uchder y blwch ddwywaith cymaint â hyd un o hydoedd sylfaen y blwch.
Cyfaint y blwch yw 194.67 cm³.
Defnyddiwch ddull cynnig a gwella i ddarganfod dimensiynau'r blwch, gyda phob mesuriad yn gywir i 1 lle degol.

DP 7 Hyd sail triongl yw $(x + 2)$ cm ac uchder perpendicwlar y triongl ⚫⚫⚫
yw $(x - 5)$ cm.
Arwynebedd y triongl yw 33.5 cm².
Defnyddiwch ddull cynnig a gwella i ddarganfod uchder perpendicwlar y triongl yn gywir i 1 lle degol.

Algebra Llinyn 4 Dulliau algebraidd Uned 2 Anhafaleddau llinol

YS — YMARFER SGILIAU   DH — DATBLYGUHYDER   DP — DATRYS PROBLEMAU   DA — DULL ARHOLIAD

YS **1** Datryswch yr anhafaleddau canlynol.

    a $4 - 2x \geqslant 8$

    b $3 + 2x < 5x - 9$

    c $2(x + 3) + 3(2x + 5) \geqslant 37$

YS **2 a** Ysgrifennwch yr anhafaledd sy'n cael ei ddangos ar y llinell rif hon.

DA

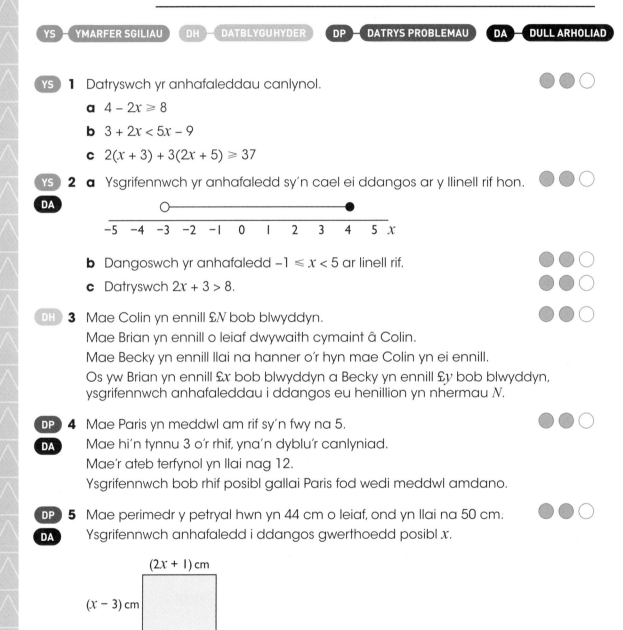

    b Dangoswch yr anhafaledd $-1 \leqslant x < 5$ ar linell rif.

    c Datryswch $2x + 3 > 8$.

DH **3** Mae Colin yn ennill £N bob blwyddyn.

    Mae Brian yn ennill o leiaf dwywaith cymaint â Colin.

    Mae Becky yn ennill llai na hanner o'r hyn mae Colin yn ei ennill.

    Os yw Brian yn ennill £x bob blwyddyn a Becky yn ennill £y bob blwyddyn, ysgrifennwch anhafaleddau i ddangos eu henillion yn nhermau N.

DP **4** Mae Paris yn meddwl am rif sy'n fwy na 5.

DA   Mae hi'n tynnu 3 o'r rhif, yna'n dyblu'r canlyniad.

    Mae'r ateb terfynol yn llai nag 12.

    Ysgrifennwch bob rhif posibl gallai Paris fod wedi meddwl amdano.

DP **5** Mae perimedr y petryal hwn yn 44 cm o leiaf, ond yn llai na 50 cm.

DA   Ysgrifennwch anhafaledd i ddangos gwerthoedd posibl x.

$(2x + 1)$ cm

$(x - 3)$ cm

DP
DA
6 Mae gan April, Bavinda a Chas rywfaint o farblis yr un.
Mae gan April 15 yn fwy o farblis na Bavinda.
Mae gan Bavinda 3 gwaith cymaint o farblis â Chas.
Gyda'i gilydd mae llai na 200 o farblis ganddyn nhw.
Beth yw'r nifer mwyaf o farblis gall April ei gael?

DP
DA
7 Ysgrifennwch anhafaledd ar gyfer pob un o bedair ffin y rhanbarth
sydd wedi'i dywyllu.

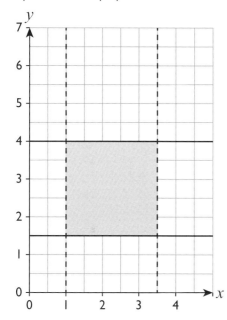

DP
DA
8 Ar bapur graff, dangoswch y rhanbarth sy'n bodloni'r anhafaleddau
$2 \leqslant x < 4$ a $2.5 \leqslant y < 4.5$.

DP
DA
9 Mae hyd, lled ac uchder y ciwboid
hwn yn bodloni'r anhafaleddau
canlynol:

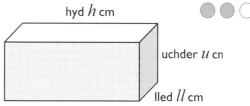

$10 \leqslant h < 11 \quad 3 \leqslant ll < 3.5 \quad 6 \leqslant u < 8$

a Cyfrifwch gyfaint
mwyaf posibl y ciwboid.

b Cyfrifwch arwynebedd arwyneb lleiaf posibl y ciwboid.

DP
DA
10 Mae n yn gyfanrif sy'n bodloni'r anhafaledd $5n - 1 > 4n + 2$.
Pa un o'r anhafaleddau canlynol na all n ei fodloni?
$4n + 5 > n + 2 \quad\quad 2n - 7 > 1 - n \quad\quad n + 4 > 6n - 8 \quad\quad 7 - n > 2n - 11$

DP
DA
11 Mae n yn gyfanrif sy'n bodloni'r ddau anhafaledd canlynol:
$4n - 1 < 2n + 3$ a $5(n + 4) \geqslant 2(n + 5)$
Ysgrifennwch holl werthoedd posibl n.

Algebra Llinyn 4 Dulliau algebraidd Uned 3 Datrys parau o hafaliadau trwy amnewid

YS — YMARFER SGILIAU   **DH** — DATBLYGU HYDER   **DP** — DATRYS PROBLEMAU   **DA** — DULL ARHOLIAD

YS 1 Datryswch y parau canlynol o hafaliadau cydamserol trwy amnewid. ◖◖◯

    a $2x + y = 6$
       $y = x + 3$

    b $x + 4y = 11$
       $x = y + 1$

    c $2x + 3y = 6$
       $x = 5 - 2y$

DH DA 2 Mae Aled yn meddwl am ddau rif. ◖◖◯
Y gwahaniaeth rhwng y ddau rif yw 7.
Swm y ddau rif yw 25.
Pa ddau rif mae Aled yn meddwl amdanyn nhw?

DH DA 3 Swm dau rif yw 160. ◖◖◯
Y gwahaniaeth rhwng y ddau rif yw 102.
Cyfrifwch y ddau rif.

DP DA 4 Mae Elfyn yn talu £10.50 am 4 darn o bysgod a 3 dogn o sglodion. ◖◖◯
Mae Tracey yn talu £5.40 am 3 darn o bysgod.
Mae Malcolm yn prynu 2 ddarn o bysgod a 2 ddogn o sglodion.
Faint dylai hyn ei gostio iddo?

DP DA 5 Mae gan Chan 24 papur arian yn union yn ei waled. ◖◖◯
Maen nhw naill ai'n bapurau £20 neu'n bapurau £10.
Cyfanswm gwerth y papurau arian yw £410.
Sawl papur £20 sydd yn waled Chan?

DP DA 6 Beth yw perimedr y petryal hwn? ◖◖◯

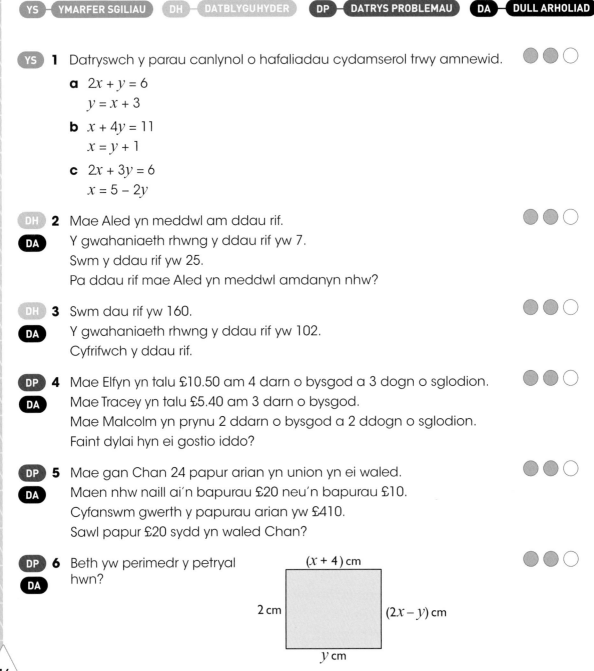

$(x + 4)$ cm

2 cm $(2x - y)$ cm

y cm

DP
DA

7 Ym Mlwyddyn 10:

- Mae b bachgen ac m merch.

- Mae 45 mwy o fechgyn na merched.

Pe bai 12 bachgen a dim merched yn ymuno â Blwyddyn 10, byddai dwywaith cymaint o fechgyn ag sydd o ferched.

Faint o fyfyrwyr sydd ym Mlwyddyn 10?

DP
DA

8 Mewn cerbyd trên mae b bwrdd sydd â seddau ar gyfer 4 person ac s sedd sengl (heb fwrdd).

Cyfanswm y seddau mewn cerbyd yw 62 ac mae 22 mwy o seddau sengl na byrddau.

Mewn un cerbyd, mae rhywun yn eistedd mewn 19 o'r seddau sengl.

Faint o'r seddau sengl sydd heb neb yn eistedd yno?

DP
DA

9 Mewn clwb tennis mae b aelod benywol a g aelod gwrywol.

Yn 2010, roedd ganddyn nhw 16 mwy o aelodau benywol nag aelodau gwrywol.

Erbyn 2015, roedd nifer yr aelodau benywol wedi cynyddu draean, roedd nifer yr aelodau gwrywol wedi gostwng 18 ac roedd cyfanswm o 120 o aelodau.

Sawl aelod benywol oedd gan y clwb yn 2010?

DP
DA

10 Mae hafaliad llinell l yn cael ei roi gan $y = mx + c$.

Mae'r pwyntiau (1, 7) a (3, 11) ar linell l.

Cyfrifwch werthoedd m ac c.

Algebra Llinyn 4 Dulliau algebraidd Uned 4 Datrys hafaliadau cydamserol trwy ddileu

YS — YMARFER SGILIAU   **DH** — DATBLYGU HYDER   **DP** — DATRYS PROBLEMAU   **DA** — DULL ARHOLIAD

DH **1** Datryswch y parau canlynol o hafaliadau cydamserol trwy ddileu.

   a $3x + 2y = 14$
      $5x - 2y = 18$

   b $2x + 3y = 2$
      $8x + 3y = 17$

   c $6x - 5y = 23$
      $4x - 3y = 14$

DP **DA** **2** Pris tocynnau ar gyfer gêm bêl-droed yw £x i oedolion ac £y i blant.

Mae Morgan yn talu £270 am docynnau ar gyfer 2 oedolyn a 5 plentyn.

Mae Jim yn talu £251 am docynnau ar gyfer 3 oedolyn a 2 blentyn.

Mae gan Peter £150 i brynu tocynnau ar gyfer y gêm bêl-droed. A oes ganddo ddigon o arian i brynu tocynnau ar ei gyfer ef ei hun a'i 3 phlentyn?

DP **DA** **3** Mae cwmni tacsis yn codi tâl sefydlog plws cost ychwanegol am bob milltir.

Mae taith o 8 milltir yn costio £8.90. Mae taith o 12 milltir yn costio £12.10.

Mae Sioned 20 milltir o'i chartref. Dim ond £20 sydd ganddi.

A oes gan Sioned ddigon o arian i deithio adref mewn tacsi?

DH **DA** **4** Cyfrifwch arwynebedd y petryal hwn.

$(5x + 4y)$ cm

$(6y - 5)$ cm $(5x + 9)$ cm

$(2x + 3)$ cm

DP **5**
DA
Mae'r teulu Smith a'r teulu Jones wedi trefnu'r un gwyliau haf.

Mae Mr a Mrs Smith a'u tri phlentyn wedi talu £2440.

Mae Mr Jones, ei fam a'i dad a'i blentyn wedi talu £2330.

Ar ôl iddyn nhw drefnu'r gwyliau, mae'r cwmni teithio yn gostwng cost gwyliau plentyn 10% ac yn ad-dalu'r ddau deulu.

Faint o ad-daliad dylai pob teulu ei dderbyn?

DP **6**
DA
Mae'r diagram yn dangos triongl hafalochrog a sgwâr.

Mae perimedr y sgwâr yn hafal i berimedr y triongl.

Cyfrifwch arwynebedd y sgwâr.

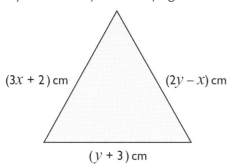

$(3x + 2)$ cm $(2y - x)$ cm

$(y + 3)$ cm

DP **7**
DA
Mae bachgen yn teithio am x awr ar fuanedd o 5 km/awr.

Yna mae e'n teithio am y awr ar fuanedd o 10 km/awr.

O ran y daith gyfan, mae e'n teithio 35 km ar fuanedd cyfartalog o 7 km/awr.

Cyfrifwch werthoedd x ac y.

DP **8**
DA
Yn ystod un wythnos, mae Liz yn gweithio 35 awr ar ei chyfradd cyflog sylfaenol ac 12 awr ar ei chyfradd goramser. Am hyn, mae'n cael ei thalu £428.40.

Yn ystod wythnos wahanol, mae Liz yn gweithio 40 awr ar ei chyfradd cyflog sylfaenol ac 8 awr ar ei chyfradd goramser. Am hyn, mae'n cael ei thalu £425.60.

a Cyfrifwch gyfradd cyflog sylfaenol Liz.

b Cyfrifwch gymhareb y gyfradd cyflog sylfaenol i'r gyfradd goramser.

DP **9**
DA
Prynodd dau berson addurniadau Nadolig unfath o'r un siop.

Talodd un £65.60 am 200 o rubanau a 220 o addurniadau coeden.

Talodd y llall £63.30 am 210 o rubanau a 200 o addurniadau coeden.

Beth fyddai cost prynu 200 o rubanau a 200 o addurniadau coeden o'r siop hon?

DP **10**
DA
Mae'r pwyntiau (2, 2.5) a (6, –2.5) ar y llinell sydd â'r hafaliad $ax + by = c$.

a Mae Bob yn dweud bod y pwynt (–2 , 8) hefyd ar y llinell hon.

Ydy Bob yn gywir?

b Ysgrifennwch

i graddiant y llinell hon

ii cyfesurynnau'r rhyngdoriadau ar yr echelinau.

Algebra Llinyn 4 Dulliau algebraidd Uned 5 Defnyddio graffiau i ddatrys hafaliadau cydamserol

YS — YMARFER SGILIAU   DH — DATBLYGU HYDER   DP — DATRYS PROBLEMAU   DA — DULL ARHOLIAD

DH **1** **a** Lluniadwch graffiau $y = 2x + 3$ ac $y = 3 - x$ ar yr un pâr o echelinau. ●●○

 b Ysgrifennwch gyfesurynnau'r pwynt lle mae'r ddwy linell yn croestorri. ●●○

 c Gwiriwch eich ateb i ran **b** drwy ddatrys y ddau hafaliad gan ddefnyddio algebra. ●●○

DH **2** **a** Lluniadwch graffiau $2x + y = 3$ ac $x - 2y = 4$ ar yr un pâr o echelinau. ●●○

 b Ysgrifennwch gyfesurynnau'r pwynt lle mae'r ddwy linell yn croestorri. ●●○

 c Defnyddiwch algebra i wirio eich ateb i ran **b**. ●●○

 ch Cyfrifwch arwynebedd y rhanbarth sydd â'r llinellau $2x + y = 3$ ac $x - 2y = 4$ a'r echelin-y yn ffin iddo. ●●○

DP **DA** **3** Mae cwmnïau tacsis yn codi tâl sefydlog plws cost ychwanegol am bob milltir. ●●○

Tacsis Toni	Cabiau Colin
£2.50 plws £1.20 am bob milltir.	£5.00 plws 75c am bob milltir.

 a Ar yr un pâr o echelinau, lluniadwch graffiau i ddangos cost, £C, taith o x milltir ar gyfer pob cwmni tacsis.

 b Pa wybodaeth ddefnyddiol mae pwynt croestoriad y ddau graff yn ei rhoi i chi?

 c Mae Harry eisiau teithio 7 milltir mewn tacsi. Pa gwmni byddech chi'n ei argymell?

DH **DA** **4** Drwy luniadu graffiau, darganfyddwch ddatrysiadau bras ●●○

$$15x + 8y = 60$$
$$4x - 9y = 54$$

MATHEMATEG YN UNIG

YS **5** Hafaliad y llinell l yw $x + y = 5$.
Hafaliad y llinell m yw $y = 3x + 3$.
Hafaliad y llinell n yw $y = x + 1$.

Drwy edrych ar y graff, datryswch bob pâr o hafaliadau cydamserol.

a $x + y = 5$
$y = x + 1$

b $y = 3x + 3$
$y = x + 1$

c $x + y = 5$
$y = 3x + 3$

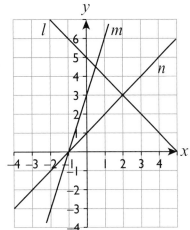

DP
DA **6** Mae dau gar yn teithio tuag at ei gilydd ar hyd ffordd syth.

Mae'r pellter, p metr, o O ar ôl a eiliad yn cael ei roi ar gyfer pob car gan

Car A $\qquad p = 10 + 30a$ $\qquad\qquad$ Car B $\qquad p = 120 - 20a$

a Ar yr un echelinau, lluniadwch graffiau i ddangos y wybodaeth hon.

b Defnyddiwch eich graffiau i helpu i ateb y cwestiynau canlynol.

i Faint o'r gloch oedd y ddau gar yr un pellter o O?

ii Pa mor bell o O oedd y ceir ar yr amser hwn?

DP
DA **7** Mae'r graff yn dangos buanedd, v metr yr eiliad, car ar ôl t eiliad.

a Ysgrifennwch hafaliad y graff hwn ar y ffurf $v = u + at$, lle mai cysonion yw u ac a.

b Mae buanedd ail gar yn cael ei roi gan yr hafaliad $v = 80 - 2.5t$. Tynnwch y llinell hon ar gopi o'r graff.

c i Ar ôl faint o eiliadau mae'r ddau gar yn teithio ar yr un buanedd?

ii Amcangyfrifwch y buanedd hwn.

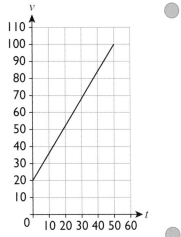

YS **8 a** Ysgrifennwch hafaliad y llinell syth sy'n mynd trwy

i A ac C $\qquad\qquad$ **ii** D a B.

b Ysgrifennwch gyfesurynnau pwynt croestoriad y ddau hafaliad yn rhan **a**.

c Defnyddiwch algebra i wirio eich ateb i ran **b**.

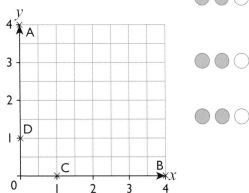

Algebra Llinyn 5 Gweithio gyda mynegiadau cwadratig Uned 1 Ffactorio mynegiadau cwadratig

YS — YMARFER SGILIAU **DH** — DATBLYGU HYDER **DP** — DATRYS PROBLEMAU **DA** — DULL ARHOLIAD

YS **1** Ffactoriwch bob mynegiad. ●●○

    a $x^2 + 2x$

    b $x^2 - 81$

    c $x^2 - 8x + 4x - 32$

    ch $x^2 - 9x + 14$

    d $x^2 + 3x - 40$

    dd $x^2 - 9$

DP **DA** **2** Gwnaeth Amir a Winona ffactorio $x^2 + 5x - 6$. ●●○
Ysgrifennodd Amir $x^2 + 5x - 6 = (x + 2)(x + 3)$.
Ysgrifennodd Winona $x^2 + 5x - 6 = (x + 2)(x - 3)$.
Eglurwch pam mae pob ateb yn anghywir a rhowch yr ateb cywir.

DP **DA** **3** Mae arwynebedd sgwâr yn cael ei roi gan y mynegiad $x^2 - 6x + 9$. ●●○
Ysgrifennwch fynegiad ar gyfer hyd ochr y sgwâr.

DP **DA** **4** Mae'r diagram yn dangos tri phetryal. ●●○

    $x + 2$ $x + 4$ $x + 7$

  $x + 1$ A $x - 1$ B x C

Mae arwynebedd pedwerydd petryal D yn gallu cael ei ddarganfod gan ddefnyddio'r hafaliad:
Arwynebedd D = Arwynebedd A – Arwynebedd B + Arwynebedd C.
Beth yw dimensiynau'r petryal D?

DH **5** Cyfrifwch bob un o'r canlynol. Peidiwch â defnyddio cyfrifiannell. ●●○

    a $101^2 - 99^2$ **b** $63^2 + 2 \times 63 \times 37 + 37^2$ **c** $9^4 - 1^4$

DP
DA
6 Mae Bethan yn meddwl am rif, n.

Mae hi'n sgwario ei rhif, yn tynnu dwbl y rhif gwreiddiol o'r canlyniad ac yna'n tynnu 48.

Ysgrifennwch a symleiddiwch yn llawn fynegiad mewn n ar gyfer ei chanlyniad terfynol.

DP
DA
7 Cyfaint y ciwboid sy'n cael ei ddangos yw $a^3 - 11a^2 + 30a$.

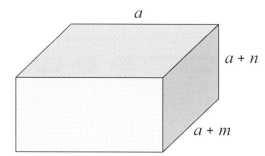

Cyfrifwch werthoedd m ac n, os yw $m > n$.

DP
DA
8 Heb ddefnyddio cyfrifiannell, cyfrifwch arwynebedd y rhan sydd wedi'i thywyllu o'r siâp hwn.

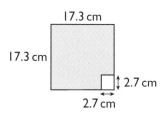

DP
DA
9 Yn y ciwboid hwn:

mae arwynebedd yr wyneb blaen yn cael ei roi gan $p^2 + 17p + 70$

mae arwynebedd yr wyneb uchaf yn cael ei roi gan $p^2 + 11p + 28$.

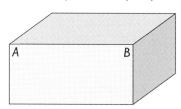

Ysgrifennwch fynegiad, yn nhermau p, ar gyfer hyd yr ymyl AB.

DP
DA
10 Ffactoriwch yn llawn y mynegiad hwn.

$$\frac{x^2 + 5x - 24}{x^2 - 9x - 18}$$

Algebra Llinyn 5 Gweithio gyda mynegiadau cwadratig Uned 2 Datrys hafaliadau trwy ffactorio

YS — YMARFER SGILIAU   DH — DATBLYGU HYDER   DP — DATRYS PROBLEMAU   DA — DULL ARHOLIAD

YS **1** Datryswch yr hafaliadau canlynol.

    a $(x + 1)(x + 2) = 0$

    b $(x - 4)(x - 5) = 0$

    c $x^2 + 9x = 0$

    ch $x^2 - 2x - 24 = 0$

    d $x^2 = 36 - 5x$

YS **2** **a** Datrysiadau hafaliad cwadratig yw $x = 5$ ac $x = -3$.
Ysgrifennwch yr hafaliad cwadratig.

    b Datrysiadau hafaliad cwadratig yw $y = -12$ ac $y = -7$.
Ysgrifennwch yr hafaliad cwadratig.

DP **DA** **3** Dyma gynnig Mnambi ar ddatrys $x^2 - x - 20 = 0$.

$x^2 - x - 20 = 0$

$(x - 5)(x + 4) = 0$

$x = -5$ ac $x = 4$

Eglurwch y camgymeriadau mae Mnambi wedi'u gwneud a rhowch y datrysiadau cywir.

DP **DA** **4** Mae Rhodri yn meddwl am rif rhwng 1 a 10.
Mae e'n sgwario'r rhif ac yna'n tynnu ei rif gwreiddiol o'r canlyniad.
Ei ateb terfynol yw 42.
Beth oedd rhif gwreiddiol Rhodri?

DH **DA** **5** Mae petryal yn mesur
$(x + 1)$ cm wrth $(x + 2)$ cm.
Arwynebedd y petryal yw 72 cm².
Beth yw dimensiynau'r petryal?

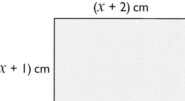

$(x + 2)$ cm

$(x + 1)$ cm

DP **6** Mae'r diagram yn dangos petryal a dau drapesiwm wedi'u
DA   lluniadu y tu mewn i sgwâr sydd â hyd ei ochrau yn 20 cm.

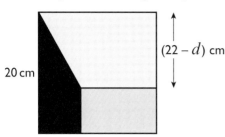

20 cm

$(22 - d)$ cm

Arwynebedd y petryal yw 32 cm² ac mae'n cael ei roi gan $(d^2 - 4)$ cm².
Cyfrifwch arwynebedd pob trapesiwm.

DP **7** Mae'r siâp hwn wedi'i wneud o ddau driongl ongl sgwâr unfath.
DA   Arwynebedd cyfan y siâp yw 135 cm².
         Cyfrifwch hyd ochr fyrraf un o'r trionglau hyn.

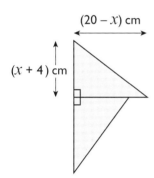

$(20 - x)$ cm

$(x + 4)$ cm

DP **8** Arwynebedd arwyneb cyfan y ciwboid yn y diagram yw 246 cm².
DA   Cyfrifwch gyfaint y ciwboid.

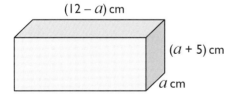

$(12 - a)$ cm

$(a + 5)$ cm

a cm

DP **9** Beth yw arwynebedd y triongl ongl sgwâr hwn?
DA

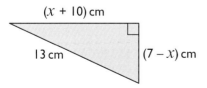

$(x + 10)$ cm

13 cm

$(7 - x)$ cm

Geometreg a Mesurau
Llinyn 1 Unedau a graddfeydd
Uned 7 Trawsnewid yn fras rhwng unedau metrig ac imperial

YS — YMARFER SGILIAU   DH — DATBLYGUHYDER   DP — DATRYS PROBLEMAU   DA — DULL ARHOLIAD

DP 1 Trawsnewidiwch y cyfeintiau canlynol yn litrau.

   a 4 galwyn

   b 9 galwyn

   c 15 galwyn

DP 2 Trawsnewidiwch y pellterau canlynol.

   a 5 modfedd yn cm

   b 20 milltir yn km

   c 1200 km yn filltiroedd

DH 3 Taldra Heddwen yw 163 cm. Taldra Linda yw 5 troedfedd 6 modfedd. Pwy yw'r talaf? Faint yn fwy tal yw hi? Rhowch eich ateb mewn centimetrau.

DH 4
DA Mae reid mewn ffair yn dweud, 'Taldra lleiaf: 4 troedfedd 10 modfedd.' Taldra Jac yw 142 cm. Ydy e'n gallu mynd ar y reid? Rhowch reswm dros eich ateb a dangoswch eich gwaith cyfrifo.

YS 5 Ddydd Llun, mae Tomos yn defnyddio 8 galwyn o danwydd, sy'n costio £1.15 y litr. Faint mae'r tanwydd ddefnyddiodd Tomos ddydd Llun yn ei gostio?

YS 6 Mae rhan o rysáit yn dweud, '5 owns blawd, 8 owns siwgr.' Trawsnewidiwch y rhain yn unedau metrig addas.

DA 7 Mae Lois yn gweld arwydd ffordd, 'terfyn buanedd 30 milltir yr awr', sy'n golygu 30 milltir mewn un awr. Sawl cilometr mewn un awr fyddai hyn?

DA 8 Mae petryal yn mesur $2\frac{1}{2}$ modfedd wrth $1\frac{1}{4}$ modfedd. Beth yw'r mesuriadau hyn mewn centimetrau?

Geometreg a Mesurau
Llinyn 1 Unedau a graddfeydd
Uned 8 Cyfeiriannau

YS — YMARFER SGILIAU   **DH** — DATBLYGUHYDER   **DP** — DATRYS PROBLEMAU   **DA** — DULL ARHOLIAD

YS **1** Atebwch y canlynol.

a Ysgrifennwch gyfeiriant Rhydychen oddi wrth Gaerfaddon.

b Ysgrifennwch gyfeiriant Caerfaddon oddi wrth Rydychen.

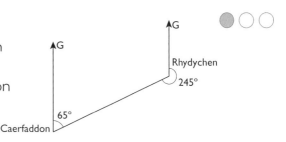

YS **2** a Ysgrifennwch gyfeiriant y cyfeiriadau cwmpawd canlynol.

   i Gorllewin

   ii De-Ddwyrain

b Ysgrifennwch y pwyntiau cwmpawd sydd â'r cyfeiriannau canlynol.

   i 090°

   ii 225°.

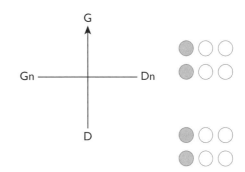

DH **DA** **3** Mae'r diagram yn dangos dwy orsaf gwylwyr y glannau, P a Q. Cyfeiriant Q oddi wrth P yw 080°. Mae cwch ym mhwynt B. Cyfeiriant B oddi wrth P yw 140°. Cyfeiriant B oddi wrth Q yw 240°.

Darganfyddwch yr ongl PBQ.

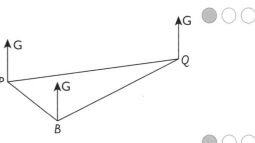

DP **DA** **4** Teithiodd awyren 60 km o A i B, yna 80 km o B i C, ac yna yn ôl o C i A. Cyfeiriant B oddi wrth A yw 120°. Cyfeiriant C oddi wrth B yw 270°.

a Gan ddefnyddio'r raddfa 1 cm yn cynrychioli 10 km, lluniadwch ddiagram manwl gywir i ddangos taith yr awyren.

b i Ar ba gyfeiriant mae'n rhaid i'r awyren deithio i fynd o C i A?

   ii Beth yw'r pellter o C i A?

DH **5** Mae Ipswich ar gyfeiriant o 080° oddi wrth Sudbury.

DA   **a**   Beth yw cyfeiriant Sudbury oddi wrth Ipswich?

Mae Ipswich hefyd i'r Gogledd-Ddwyrain o Colchester.

   b   Darganfyddwch gyfeiriant Ipswich oddi wrth Colchester.

   c   Cyfrifwch ôl-gyfeiriant Colchester oddi wrth Ipswich.

DH **6** Mae'r diagram yn dangos llong, S, a'i safle oddi wrth ddau oleudy, P a Q.

Darganfyddwch gyfeiriant

   a   P oddi wrth Q

   b   S oddi wrth P

   c   Q oddi wrth P

   ch P oddi wrth S.

Mae Q i'r De-Orllewin o S.

   d   Darganfyddwch gyfeiriant S oddi wrth Q.

DP **7** Mae Ben yn hwylio ei gwch o Cromer ar gyfeiriant o 060° am 6 km.
Yna mae'n newid ei gyfeiriad ac yn hwylio ar gyfeiriant o 150° am 8 km.

DA

   a   Lluniadwch ddiagram manwl gywir i ddangos taith cwch Ben.
Defnyddiwch y raddfa 1 cm yn cynrychioli 1 km.

Yna mae Ben yn teithio'n ôl i Cromer ar hyd llinell syth.

   b   Ar ba gyfeiriant mae Ben yn teithio i fynd yn ôl i Cromer?

   c   Beth yw'r pellter cyfan mae e'n ei deithio?

DP **8** Mae pedwar bwi A, B, C a D yn cael eu gosod fel bod

DA   B ar gyfeiriant o 60° oddi wrth A
C ar gyfeiriant o 105° oddi wrth A
C ar gyfeiriant o 150° oddi wrth B
A ar gyfeiriant o 330° oddi wrth D.
Eglurwch pam mae ABCD yn sgwâr.

DP **9** Mae awyren yn teithio i'r De ar 200 milltir yr awr. Am 10 a.m. cyfeiriant
ynys oddi wrth yr awyren yw 120°. Am 10.30 a.m. cyfeiriant yr ynys oddi
DA   wrth yr awyren yw 060°. Fydd yr awyren ddim yn mynd o fewn 75 milltir
i'r ynys. Eglurwch pam.

Geometreg a Mesurau
Llinyn 1 Unedau a graddfeydd
Uned 9 Lluniadu wrth raddfa

YS — YMARFER SGILIAU   DH — DATBLYGU HYDER   DP — DATRYS PROBLEMAU   DA — DULL ARHOLIAD

YS **DA** **1** Graddfa map yw 1:25 000. Y pellter rhwng yr eglwys a'r garej mewn pentref yw 2 cm ar y map. ○○○

    a Cyfrifwch y pellter gwirioneddol rhwng yr eglwys a'r garej.

    Y pellter gwirioneddol rhwng dwy orsaf betrol yw 4 km.

    b Beth yw'r pellter rhwng y ddwy orsaf betrol ar y map?

DH **2** Mae Rosie yn dilyn y cyfarwyddiadau canlynol pan fydd hi'n cymryd rhan mewn cystadleuaeth gyfeiriannu. ○○○

    Dechrau ger cloc y dref a cherdded i'r Gogledd am 200 metr.

    Cerdded i'r Dwyrain am 150 metr ac yna i'r De am 100 metr.

    a Defnyddiwch y raddfa 1 cm yn cynrychioli 20 m i luniadu lluniad wrth raddfa o daith gerdded Rosie.

    b Pa mor bell yw Rosie o'i man cychwyn?

DH **DA** **3** Mae Judy eisiau darganfod hyd to goleddol ymyl ei sied. All hi ddim cyrraedd rhan uchaf y sied ac felly mae hi'n lluniadu lluniad wrth raddfa o ymyl y sied. Darganfyddwch hyd y to goleddol. ○○○

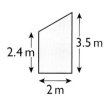

DH **4** Dyma gynllun manwl gywir o ardd wedi'i luniadu yn ôl y raddfa 1 cm yn cynrychioli 4 m. ○○○

Copïwch a chwblhewch y tabl i ddangos mesuriadau gwirioneddol yr ardd.

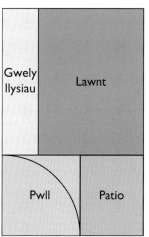

Mesuriad	Lluniad	Gwirioneddol
Hyd y lawnt		
Lled y lawnt		
Radiws y pwll		
Lled y gwely llysiau		
Hyd y patio		
Lled y patio		

DH **DA** **5** Mae Tyson eisiau lluniadu lluniad wrth raddfa o erddi'r dref.
Mae e'n mynd i ddefnyddio dalen o bapur sydd â'i hyd yn 70 cm
a'i lled yn 44 cm. Mae gerddi'r dref yn betryal o ran siâp, eu hyd yw
280 m a'u lled yw 150 m.

Eglurwch pa raddfa dylai Tyson ei ddefnyddio i wneud ei luniad
wrth raddfa mor fawr â phosibl.

DP **DA** **6** Dyma fraslun 3D o'r estyniad mae Ellie eisiau
ei ychwanegu at ei thŷ. Rhaid i uchder
cyfan yr estyniad fod yn 4.3 m.

Gan ddefnyddio lluniad wrth raddfa,
darganfyddwch uchder y wal.

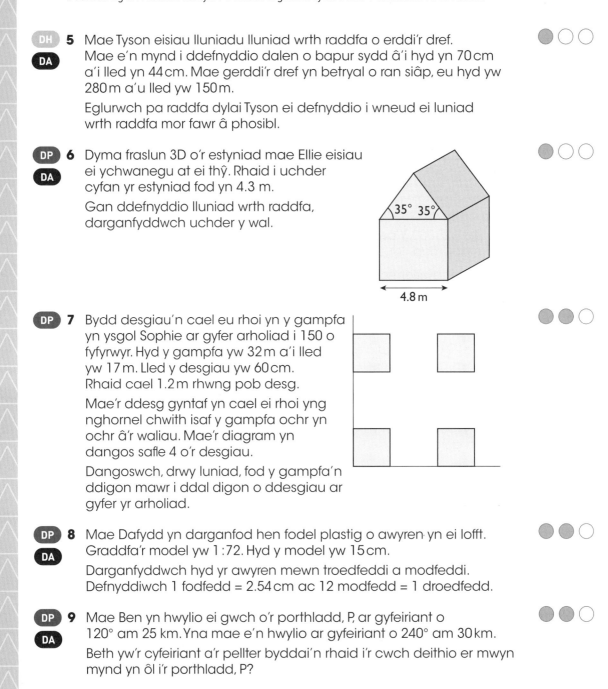

DP **7** Bydd desgiau'n cael eu rhoi yn y gampfa
yn ysgol Sophie ar gyfer arholiad i 150 o
fyfyrwyr. Hyd y gampfa yw 32 m a'i lled
yw 17 m. Lled y desgiau yw 60 cm.
Rhaid cael 1.2 m rhwng pob desg.

Mae'r ddesg gyntaf yn cael ei rhoi yng
nghornel chwith isaf y gampfa ochr yn
ochr â'r waliau. Mae'r diagram yn
dangos safle 4 o'r desgiau.

Dangoswch, drwy luniad, fod y gampfa'n
ddigon mawr i ddal digon o ddesgiau ar
gyfer yr arholiad.

DP **DA** **8** Mae Dafydd yn darganfod hen fodel plastig o awyren yn ei lofft.
Graddfa'r model yw 1:72. Hyd y model yw 15 cm.

Darganfyddwch hyd yr awyren mewn troedfeddi a modfeddi.
Defnyddiwch 1 fodfedd = 2.54 cm ac 12 modfedd = 1 droedfedd.

DP **DA** **9** Mae Ben yn hwylio ei gwch o'r porthladd, P, ar gyfeiriant o
120° am 25 km. Yna mae e'n hwylio ar gyfeiriant o 240° am 30 km.

Beth yw'r cyfeiriant a'r pellter byddai'n rhaid i'r cwch deithio er mwyn
mynd yn ôl i'r porthladd, P?

Geometreg a Mesurau
Llinyn 1 Unedau a graddfeydd
Uned 10 Unedau cyfansawdd

YS — YMARFER SGILIAU   **DH** — DATBLYGU HYDER   **DP** — DATRYS PROBLEMAU   **DA** — DULL ARHOLIAD

YS **1** Cyfrifwch y canlynol.

  a Gyrrodd Natalie ar fuanedd cyfartalog o 44 m.y.a. am ddwy awr a hanner. Cyfrifwch pa mor bell deithiodd hi.

  b Gyrrodd Jason 330 km mewn 6 awr. Cyfrifwch ei fuanedd cyfartalog.

  c Cerddodd Bavna o'i chartref i'r ysgol ar fuanedd cyfartalog o 4.5 km/awr. Roedd yr ysgol 1.5 km o'i chartref. Cyfrifwch faint o amser gymerodd hyn iddi.

YS **DA** **2** Rhedodd Mike 100 m mewn 9.8 eiliad.

  a Cyfrifwch ei fuanedd cyfartalog mewn m/s.

  b Newidiwch eich ateb i km/awr.

YS **DA** **3** Mae car Gareth yn defnyddio 5 litr o betrol i deithio 30 milltir. Mae car Susan yn defnyddio 8 litr o betrol i deithio 50 milltir.

  Car pwy, ar gyfartaledd, sy'n defnyddio'r mwyaf o betrol?

DH **DA** **4** Mae Becca yn mynd i dyfu lawnt newydd drwy hau hadau gwair. Mae ei lawnt yn betryal sydd â'i hyd yn 17 m a'i led yn 5 m. Mae hi'n prynu blwch 2 kg o hadau gwair sy'n ddigon i dyfu lawnt 100 m².

  Sawl gram o hadau gwair fydd ganddi ar ôl?

DH **DA** **5** Mae trên Toni yn gadael gorsaf Caerfaddon am 09:15. Mae'n cyrraedd Llundain am 10:30. Mae'n teithio 120 o filltiroedd o Gaerfaddon i Lundain.

  Cyfrifwch ei fuanedd cyfartalog mewn m.y.a.

DH **DA** **6** Buanedd goleuni yw 186 000 o filltiroedd yr eiliad. Mae'r Haul 93 miliwn o filltiroedd o'r Ddaear.

  Cyfrifwch faint o amser mae'n ei gymryd i belydryn o oleuni deithio o'r Haul i'r Ddaear. Rhowch eich ateb mewn munudau ac eiliadau.

DP **DA** **7** Y terfyn buanedd ar draffyrdd yn Ffrainc yw 130 km/awr. Y terfyn buanedd ar draffyrdd yn y DU yw 70 m.y.a.

  Darganfyddwch y gwahaniaeth yn y ddau derfyn buanedd. Defnyddiwch y ffaith fod 5 milltir = 8 km.

DP
DA

8 Mae gan Sophie bwll pysgod ar siâp ciwboid.
Mae angen iddi wacáu'r pwll llawn er mwyn
ei lanhau.

Mae hi'n rhoi'r holl bysgod mewn pwll arall
ac yn pwmpio'r dŵr allan ar gyfradd o 25 litr y
munud. Mae hi'n dechrau pwmpio'r dŵr allan
am 10 a.m.
Faint o'r gloch bydd y pwll yn wag?
Defnyddiwch y ffaith fod 1 m³ = 1000 o litrau.

DP
DA

9 Mae Mia yn mynd i ymweld â'i mam sy'n byw 230 o filltiroedd i ffwrdd.
Mae hi'n gyrru ar fuanedd cyfartalog o 60 m.y.a. am awr a hanner.
Yna mae'n stopio i orffwys am 15 munud. Mae hi'n teithio gweddill
y daith ar fuanedd cyfartalog o 70 m.y.a.

Cyfrifwch fuanedd cyfartalog cyffredinol Mia ar gyfer y daith gyfan.

DP

10 Mae Stuart yn defnyddio'r graff trawsnewid hwn i newid rhwng litrau
a galwyni.

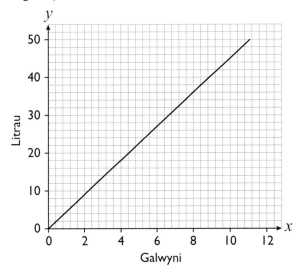

a i Newidiwch 5 galwyn yn litrau.

ii Newidiwch 45 litr yn galwyni.

Ar gyfartaledd mae Stuart yn defnyddio 0.5 litr o olew gwresogi yr awr i
redeg ei system wresogi. Mae'r system wresogi yn gweithio am 14.5 awr y
dydd am 200 diwrnod y flwyddyn. Mae gan Stuart ddau danc gwag lle
mae e'n storio'r olew gwresogi. Mae Tanc P yn dal 1000 o litrau o olew.
Mae Tanc Q yn dal 300 galwyn o olew.

Mae Stuart yn prynu digon o olew gwresogi i bara am flwyddyn gyfan.
Mae e'n llenwi Tanc P yn llwyr ac mae'n rhoi gweddill yr olew yn Nhanc Q.

b Sawl galwyn mae Stuart yn ei rhoi yn Nhanc Q?

Mae Stuart yn penderfynu llenwi Tanc Q yn llwyr gan ei fod yn cael bargen
arbennig ar olew gwresogi. Mae'r olew ychwanegol yn costio 32c y litr.

c Faint mae'n ei gostio i lenwi Tanc Q yn llwyr?

Geometreg a Mesurau Llinyn 1 Unedau a graddfeydd Uned 11 Dimensiynau fformiwlâu

YS YMARFER SGILIAU   **DH** DATBLYGUHYDER   **DP** DATRYS PROBLEMAU   **DA** DULL ARHOLIAD

DH **1** Hydoedd yw p, q ac r.
Nodwch a yw pob un o'r canlynol yn:
hyd   arwynebedd   cyfaint   dim o'r rhain.

   a $pq + qr$ **b** $4p + 3rq$

   c $q^2 + r^2$ **ch** $\pi r + 4q$

DH **2** Hydoedd yw m, n a p.
Nodwch a yw pob un o'r canlynol yn:
hyd   arwynebedd   cyfaint   dim o'r rhain.

   a $p^2m + m^2n$ **b** $4m - 3p^2$

   c $6p^2 + \pi n^2$ **ch** $\pi p^3 + 4m^2n$

DH **3** Hydoedd yw e, f a g.
Nodwch a yw pob un o'r canlynol yn:
hyd   arwynebedd   cyfaint   dim o'r rhain.

   a $\dfrac{g}{e} + f$ **b** $\dfrac{4e^2 + 3f^2}{g}$

   c $\dfrac{6g^3 + \pi e^3}{f^2}$ **ch** $\dfrac{e^3 + 4f^3}{g}$

DH **4** Hydoedd yw x, y a z.
Ysgrifennwch ddimensiynau pob un o'r canlynol.

   a $\sqrt{(xy)}$ **b** $\sqrt{(x^2 - y^2)}$

   c $\dfrac{(xy)^2}{z}$ **ch** $\dfrac{\pi yz^2}{\sqrt{(xz)}}$

5 Hydoedd yw r and h.

Mae un o'r mynegiadau canlynol yn cynrychioli cyfaint.

Pa un yw hwnnw?

a $r^2h + \pi rh$

b $\dfrac{3rh^2}{4} - 4r^2\sqrt{h^2}$

c $4^2r^2h - 3^2rh$

ch $r^3 + \dfrac{h^3}{h}$

 6 Mae siâp yn cael ei wneud drwy gysylltu hemisffer â silindr.

Radiws yr hemisffer a'r silindr yw r cm.

Uchder y silindr yw u cm.

a Pa un o'r canlynol allai fod yn fynegiad ar gyfer cyfaint cyfan y siâp?

$\dfrac{2}{3}\pi r^2 + \pi r^2 u$ $\dfrac{2}{3}\pi r^3 + \pi r^2 u$ $\dfrac{2}{3}\pi r^3 + 2\pi ru$

b Rhowch reswm dros eich ateb yn seiliedig ar ddimensiynau pob un o'r mynegiadau.

 7 Mae Gareth yn dweud mai arwynebedd arwyneb y siâp 3D mae

wedi'i wneud yw $rh + 2\pi h + \dfrac{1}{4}r^2$. Yma hydoedd yw r a h.

a Eglurwch sut rydych chi'n gwybod bod mynegiad Gareth ar gyfer arwynebedd arwyneb ei siâp 3D yn anghywir.

b Dim ond un o dermau mynegiad Gareth sy'n anghywir. Pa derm yw hwn? Sut rydych chi'n gwybod?

 8 Mae Glenda yn dweud bod cyfaint y siâp mae hi wedi'i wneud o

glai yn cael ei roi gan $\pi r^2h + \pi rh^2 + \dfrac{(rh)^2}{rh}$. Yma hydoedd yw r a h.

A allai mynegiad Glenda fod yn gywir o bosibl? Rhowch reswm dros eich ateb.

 9 Mae Harri yn gwybod bod p yn cynrychioli hyd a bod r yn cynrychioli arwynebedd. Mae rhywun yn rhoi'r fformiwla ganlynol iddo.

$$G = \dfrac{1}{2}pr + p^2\sqrt{r}$$

Mae angen i Harri benderfynu a yw'r fformiwla mae wedi'i chael yn mynd i gyfrifo hyd, arwynebedd neu gyfaint.

Eglurwch i Harri sut rydych chi'n gwybod beth allai'r fformiwla hon gael ei defnyddio i'w gyfrifo (hyd, arwynebedd neu gyfaint), gan roi rhesymau manwl dros eich ateb.

Geometreg a Mesurau
Llinyn 1 Unedau a graddfeydd
Uned 12 Gweithio gydag
unedau cyfansawdd

YS — **YMARFER SGILIAU**   **DH** — **DATBLYGU HYDER**   **DP** — **DATRYS PROBLEMAU**   **DA** — **DULL ARHOLIAD**

YS **DA** **1** Mae hadau gwair yn cael eu gwerthu mewn tri maint o flwch.
Blwch o ba faint sy'n rhoi'r gwerth gorau am arian?

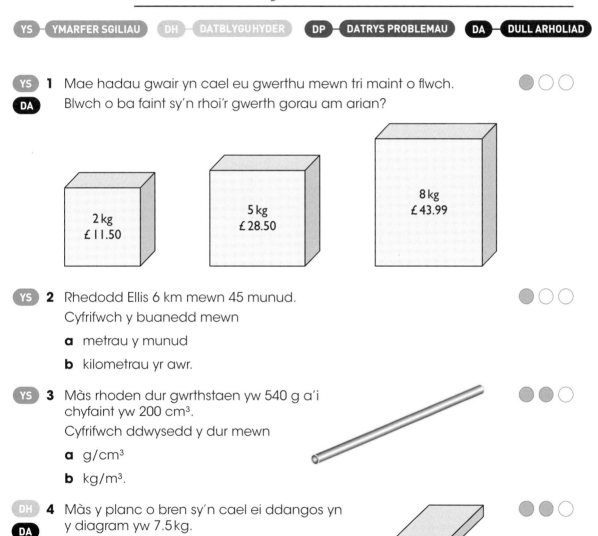

2 kg
£11.50

5 kg
£28.50

8 kg
£43.99

YS **2** Rhedodd Ellis 6 km mewn 45 munud.
Cyfrifwch y buanedd mewn

a metrau y munud

b kilometrau yr awr.

YS **3** Màs rhoden dur gwrthstaen yw 540 g a'i
chyfaint yw 200 cm³.
Cyfrifwch ddwysedd y dur mewn

a g/cm³

b kg/m³.

DH **DA** **4** Màs y planc o bren sy'n cael ei ddangos yn
y diagram yw 7.5 kg.
Cyfrifwch ei ddwysedd mewn kg/m³.

2.4 m

3 cm

15 cm

DH
DA

5 Mae'r graff yn dangos taith Myra mewn car o'i chartref i dŷ ei mam.

Cyfrifwch y buanedd cyfartalog ar gyfer y daith hon.

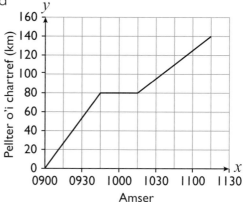

DP
DA

6 Mewn purfa olew, mae olew yn cael ei storio mewn tanciau fel yr un sy'n cael ei ddangos.

Diamedr y tanc yw 20 m.

Dyfnder yr olew yn y tanc yw 5 m.

Dwysedd yr olew yw 800 kg/m³.

Mae tancer olew yn gallu dal hyd at 50 000 kg o olew.

Faint o'r tanceri olew hyn sy'n angenrheidiol i wacáu'r holl olew o'r tanc?

Dangoswch eich holl waith cyfrifo.

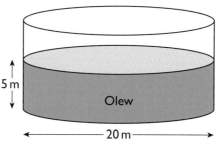

DP

7 Mae'r efydd sy'n cael ei ddefnyddio i wneud clychau yn aloi o gopr a thun yn ôl y gymhareb 4:1 yn ôl màs.

Dwysedd copr yw 8.96 g/cm³.

Dwysedd tun yw 7.365 g/cm³.

a Màs cloch yw 2 dunnell fetrig. Cyfrifwch

   i màs copr

   ii màs tun.

b Cyfrifwch ddwysedd yr efydd.

Geometreg a Mesurau
Llinyn 2 Priodweddau siapiau
Uned 5 Onglau mewn trionglau a phedrochrau

YS — YMARFER SGILIAU   DH — DATBLYGU HYDER   DP — DATRYS PROBLEMAU   DA — DULL ARHOLIAD

DH YS **1** Darganfyddwch faint onglau c a d.

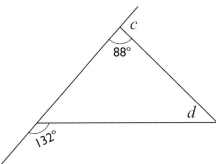

DH YS **2** Darganfyddwch faint ongl e.

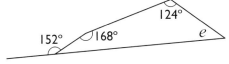

DA **3** Darganfyddwch faint ongl a.

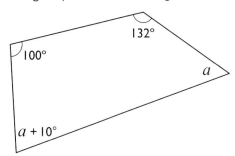

Geometreg a Mesurau
Llinyn 2 Priodweddau siapiau
Uned 6 Mathau o bedrochr

YS – **YMARFER SGILIAU** **DH** – **DATBLYGU HYDER** **DP** – **DATRYS PROBLEMAU** **DA** – **DULL ARHOLIAD**

YS **1** Enwch y pedrochrau sydd â

    a dau bâr o ochrau cyferbyn sy'n hafal a pharalel

    b pedair ochr hafal

    c croesliniau sy'n croesi ar 90°.

YS **2** **a** Lluniadwch drapesiwm sydd â dim ond un ongl lem.

    b Lluniadwch farcut sydd â dim ond un ongl sgwâr.

    c Lluniadwch ben saeth sydd â dim ond un ongl sgwâr.

    ch Eglurwch pam nad yw'n bosibl lluniadu trapesiwm sydd â dim ond un ongl sgwâr.

DH **3** Lluniadwch grid cyfesurynnau xy gydag echelinau-x ac -y o 0 i 8.

    a Plotiwch y pwyntiau P yn (2, 8) a Q yn (6, 5).

       i Lluniadwch betryal sydd â PQ yn groeslin.

    b Plotiwch y pwynt, R, yn (7, 1).

       i Darganfyddwch gyfesurynnau S i wneud PQRS yn baralelogram.

DH **4** Lluniadwch grid cyfesurynnau xy gydag echelinau-x ac -y o –2 i 8.

    a Plotiwch y pwyntiau A yn (7, 2) ac C yn (1, 6).

       i Lluniadwch rhombws sydd ag AC yn groeslin.

    b Plotiwch y pwynt B yn (5, 6).

       i Darganfyddwch gyfesurynnau safle posibl D i wneud ABCD yn drapesiwm isosgeles.

DH **5** Paralelogram yw PQRS.

Darganfyddwch onglau coll y paralelogram, sef P̂, Q̂ ac R̂. Eglurwch eich ateb.

DP **DA** **6** Trapesiwm isosgeles yw ABCD. Triongl isosgeles yw BEC.

AD = BC = CE
Darganfyddwch faint ongl D̂. Rhowch resymau dros eich ateb.

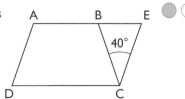

DP **DA** **7** Rhombws yw EFGH. Llinell syth yw JHG.
Eglurwch pam mae ongl EGF yn 64°.

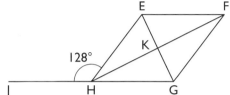

DP **DA** **8** Rhombws yw ABCD.

P yw canolbwynt AB.
Q yw canolbwynt BC.
R yw canolbwynt CD.
S yw canolbwynt DA.
Eglurwch pam mae PQRS yn betryal.

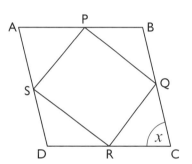

DP **DA** **9** Paralelogram yw PQST. Triongl isosgeles yw QRS.

Cyfrifwch faint ongl SQR.
Rhowch resymau dros eich ateb.

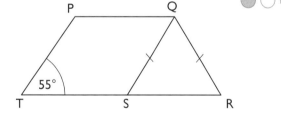

DP **DA** **10** Paralelogram yw ABCE. Triongl ongl sgwâr yw ADE.

Cyfrifwch faint ongl EAD.
Rhowch resymau dros eich ateb.

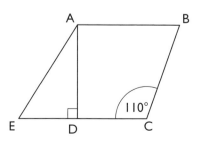

Geometreg a Mesurau Llinyn 2 Priodweddau siapiau Uned 7 Onglau a llinellau paralel

YS — YMARFER SGILIAU   DH — DATBLYGU HYDER   DP — DATRYS PROBLEMAU   DA — DULL ARHOLIAD

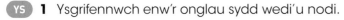

YS **1** Ysgrifennwch enw'r onglau sydd wedi'u nodi.   ●○○

a

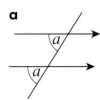

b

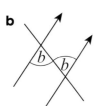

c

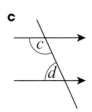

YS **2** Darganfyddwch yr onglau coll yn y diagramau canlynol. Rhowch resymau dros eich ateb.   ●○○

a

b

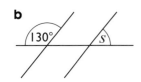

YS **3** Darganfyddwch yr onglau coll yn y diagramau canlynol.

a

b

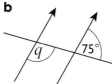

YS **4** Eglurwch yn llawn pam mae'r ddwy ongl fewnol sydd wedi'u nodi yn y diagram hwn yn onglau atodol.

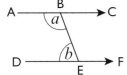

DH **5** Dyma ddiagram o gât.

Darganfyddwch yr onglau coll. Rhowch resymau dros eich ateb.

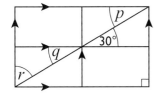

DH **6** Petryal yw PQRS. Llinell syth yw SRT. Paralelogram yw PQTR.

DA Darganfyddwch werth ongl RPS.

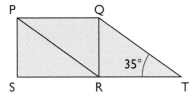

DH **7** Paralelogram yw ABDE. Triongl isosgeles yw BCD.

DA Darganfyddwch faint ongl AED. Rhowch resymau dros eich ateb.

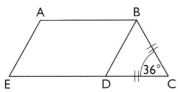

DP **DA** **8** Mae'r diagram yn cynnwys petryal a pharalelogram.

Darganfyddwch faint ongl a.

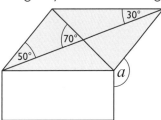

DP **DA** **9** Triongl isosgeles yw EFG. Eglurwch pam.

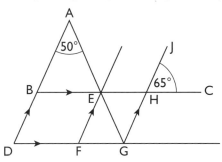

DP **DA** **10 a** Defnyddiwch y diagram hwn i egluro pam mae tair ongl triongl yn adio i 180°. Rhaid i chi roi rhesymau gyda'ch esboniad.

b Ysgrifennwch ffaith yn eich esboniad.

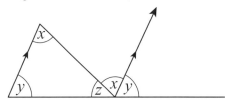

DP **DA** **11** Eglurwch pam mae AB ac CD yn llinellau paralel. Rhowch resymau dros bob cam o'ch esboniad.

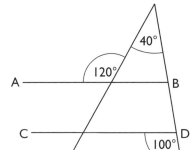

Geometreg a Mesurau
Llinyn 2 Priodweddau siapiau
Uned 8 Onglau mewn polygon

YS — **YMARFER SGILIAU** **DH** — **DATBLYGU HYDER** **DP** — **DATRYS PROBLEMAU** **DA** — **DULL ARHOLIAD**

YS **1** Cyfrifwch faint ongl allanol ac ongl fewnol y siapiau rheolaidd canlynol. ◐ ○ ○

a

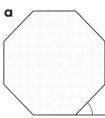

b

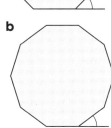

YS **2** Darganfyddwch nifer yr ochrau mewn polygon rheolaidd sydd â'r canlynol: ◐ ○ ○

   a ongl allanol o 20°

   b ongl fewnol o 108°.

DH **DA** **3** Ongl fewnol polygon rheolaidd yw 140°. Darganfyddwch nifer yr ochrau yn y polygon. ◐ ○ ○

DP **DA** **4** Darganfyddwch faint ongl x. ◐ ○ ○

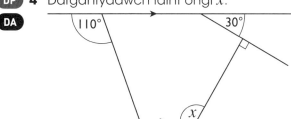

DP DA **5** Mae'r diagram yn dangos octagon rheolaidd a hecsagon rheolaidd. Darganfyddwch faint ongl m.

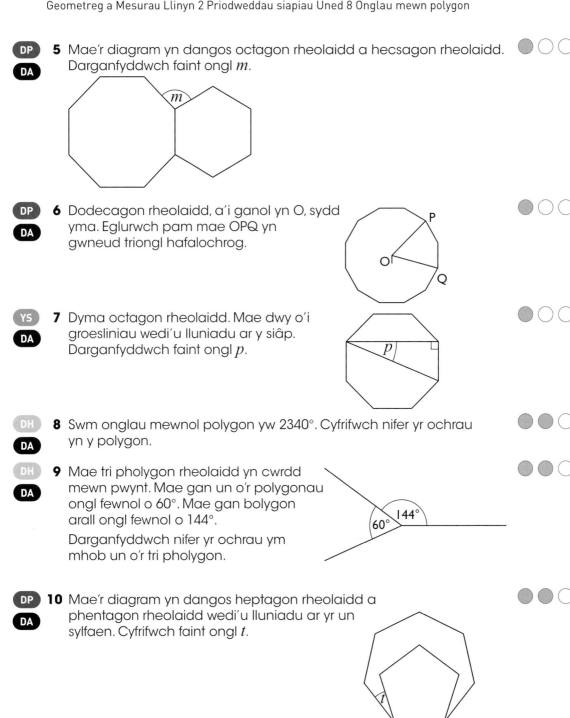

DP DA **6** Dodecagon rheolaidd, a'i ganol yn O, sydd yma. Eglurwch pam mae OPQ yn gwneud triongl hafalochrog.

YS DA **7** Dyma octagon rheolaidd. Mae dwy o'i groesliniau wedi'u lluniadu ar y siâp. Darganfyddwch faint ongl p.

DH DA **8** Swm onglau mewnol polygon yw 2340°. Cyfrifwch nifer yr ochrau yn y polygon.

DH DA **9** Mae tri pholygon rheolaidd yn cwrdd mewn pwynt. Mae gan un o'r polygonau ongl fewnol o 60°. Mae gan bolygon arall ongl fewnol o 144°.

Darganfyddwch nifer yr ochrau ym mhob un o'r tri pholygon.

DP DA **10** Mae'r diagram yn dangos heptagon rheolaidd a phentagon rheolaidd wedi'u lluniadu ar yr un sylfaen. Cyfrifwch faint ongl t.

DP DA **11** Eglurwch, gan roi rhesymau, pam mae'n bosibl teilsio llawr gan ddefnyddio dodecagonau rheolaidd a thrionglau hafalochrog sydd ag ochrau o'r un hyd. Dylech nodi unrhyw dybiaethau rydych chi'n eu gwneud.

Geometreg a Mesurau Llinyn 2
Priodweddau siapiau Uned 9
Trionglau cyfath a phrawf

YS — YMARFER SGILIAU   DH — DATBLYGUHYDER   DP — DATRYS PROBLEMAU   DA — DULL ARHOLIAD

YS 1 Nodwch a yw'r trionglau ym mhob pâr yn gyfath.
Os ydyn nhw, rhowch reswm.

a
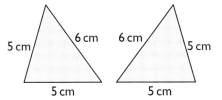

b
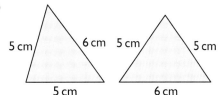

c
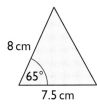 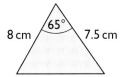

ch
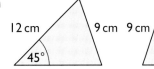 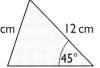

d
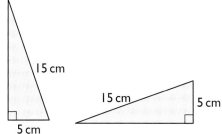

dd
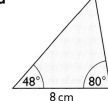 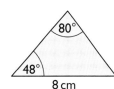

DH
DA
2 Mae'r diagram yn dangos paralelogram, PQRS.
Profwch fod y triongl PRS a'r triongl PQR yn gyfath.

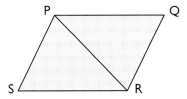

DP **DA** **3** Hecsagon rheolaidd yw ABCDEF.
Profwch fod BF = BD.

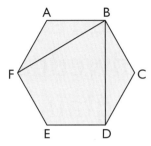

DH **DA** **4** Pentagon rheolaidd yw ABCDE.
Petryal yw BFGC.
Profwch fod y trionglau ABF a
DCG yn gyfath.

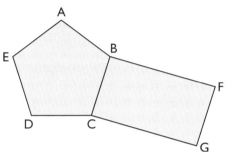

DP **DA** **5** Yn y diagram hwn
AD = CD
$\angle A = \angle C = 90°$
Profwch fod DB yn
haneru $\angle ABC$.

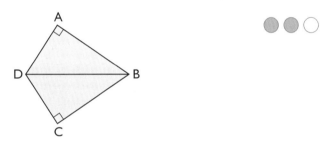

DP **DA** **6** Yn y triongl EAD
EA = ED
$\angle AEB = \angle CED$.
Eglurwch pam mae AB = CD.

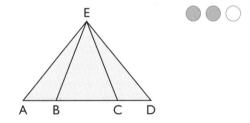

MATHEMATEG YN UNIG

Geometreg a Mesurau
Llinyn 2 Priodweddau siapiau
Uned 10 Prawf gan ddefnyddio trionglau cyflun a chyfath

 **YS** YMARFER SGILIAU **DH** DATBLYGU HYDER **DP** DATRYS PROBLEMAU **DA** DULL ARHOLIAD

YS **1** Ar gyfer pob rhan, nodwch a yw'r ddau driongl yn gyflun neu'n gyfath. ⬤⬤◯
Rhowch reswm dros bob ateb.

a

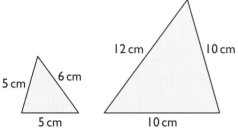

b

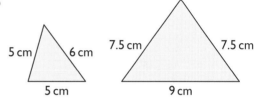

c

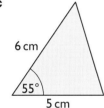

ch

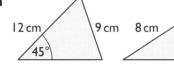

d

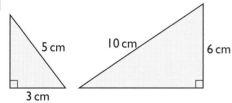

dd

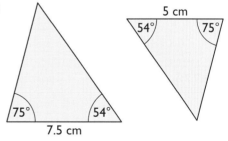

DH **2** Dangoswch fod y triongl DEF yn gyflun â'r triongl GHJ. ⬤⬤◯
DA

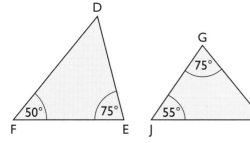

DH **3** Llinellau syth yw ABD ac ACE.

Mae BC yn baralel i DE.

Profwch fod y trionglau ABC ac ADE yn gyflun.

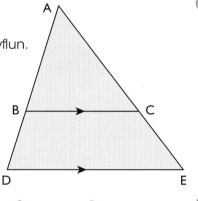

DP **4** Mae PQRS, WXY a DEFG yn
DA llinellau paralel.

RX:XE = 2:3

a Profwch fod y trionglau
QRX ac EFX yn gyflun.

b Sawl gwaith yn hirach na
QX yw FQ?

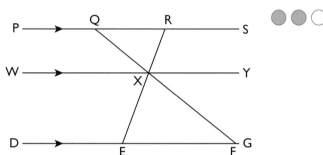

DP **5** Paralelogram yw ABCD.
DA Mae'r croesliniau yn croestorri yn X.

a Profwch fod y trionglau AXD
a BXC yn gyfath.

b Dangoswch mai X yw
canolbwynt AC a BD.

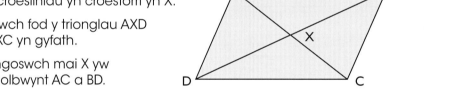

DP **6** Paralelogramau yw PQRT ac UVST.

Llinellau syth yw PUT, TSR a TVQ.

a Profwch fod y triongl UVT yn gyflun
â'r triongl PQT.

b O wybod bod PU:UT = 2:3,
darganfyddwch werth
QV:QT.

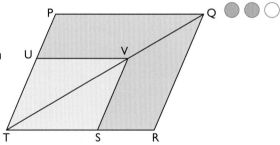

MATHEMATEG YN UNIG

Geometreg a Mesurau
Llinyn 2 Priodweddau siapiau
Uned 11 Theoremau'r cylch

MATHEMATEG YN UNIG

YS YMARFER SGILIAU   DH DATBLYGUHYDER   DP DATRYS PROBLEMAU   DA DULL ARHOLIAD

YS 1 Darganfyddwch faint yr ongl sydd â llythyren ym mhob diagram.
Rhowch reswm dros bob un o'ch atebion.

a
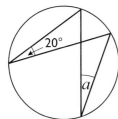

b
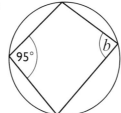

c
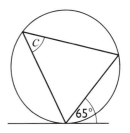

YS 2 Mae pob cylch yn y cwestiwn hwn â chanol O. Darganfyddwch faint
yr ongl sydd â llythyren. Rhowch reswm dros bob un o'ch atebion.

a
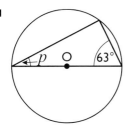

b
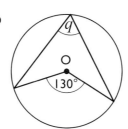

c
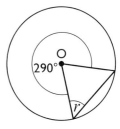

DH DA 3 Mae'r diagram yn dangos cylch canol O. Tangiadau i'r cylch
yw PA a PB.

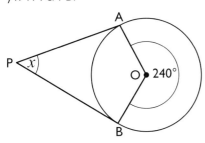

Darganfyddwch faint ongl x.

MATHEMATEG YN UNIG

DP DA **4** Mae P, Q, R ac S yn bwyntiau ar gylchyn cylch canol O.

Mae ongl PRQ = 50°.

Darganfyddwch faint ongl y.
Rhowch resymau dros bob cam o'ch gwaith cyfrifo.

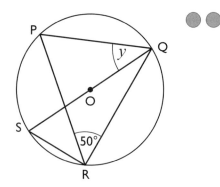

DH DA **5** Mae D, E ac F yn bwyntiau ar gylchyn cylch canol O. Mae ongl DOF = 140°.

Cyfrifwch faint ongl g.
Rhowch resymau dros bob cam o'ch gwaith cyfrifo.

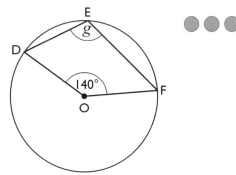

DP DA **6** Tangiadau i'r cylch canol O yw TP a TR.

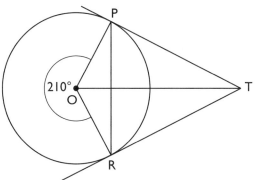

Darganfyddwch faint ongl PTR. Rhowch resymau dros bob cam o'ch gwaith cyfrifo.

DP DA **7** Mae A, B ac C yn bwyntiau ar y cylch canol O. Mae ongl ABC yn $x°$.
Tangiadau i'r cylch yw TA a TC.

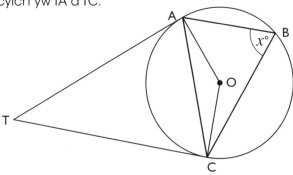

Profwch fod TA = TC.

DP
 DA

8 Mae B, C, D ac E yn bwyntiau ar gylchyn cylch canol O. Mae EB yn baralel i DC. Tangiad i'r cylch yn D yw XD.

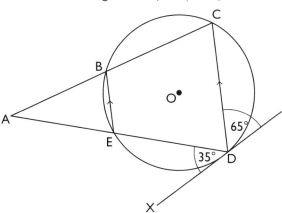

Gan ddefnyddio'r wybodaeth yn y diagram profwch fod y triongl ABE yn isosgeles.

DP
DA

9 Tangiadau i'r cylch yn P, Q ac R yn eu tro yw AB, BC ac CA.
Mae ongl B = $2x°$. Mae ongl C = $2y°$.

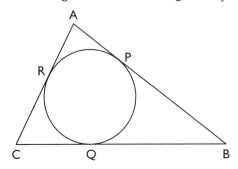

Darganfyddwch fynegiad yn nhermau x ac y ar gyfer maint ongl PQR.

DP
DA

10 Radiws y cylch canol O yw 7 cm. Radiws y cylch canol P yw 10 cm.
Mae AB yn dangiad i'r ddau gylch.

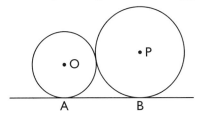

a Darganfyddwch hyd AB.

b Pa dybiaethau rydych chi wedi'u gwneud yn eich datrysiad?

Geometreg a Mesurau
Llinyn 3 Mesur siapiau Uned 4
Arwynebedd cylchoedd

YS – **YMARFER SGILIAU**   **DH** – **DATBLYGU HYDER**   **DP** – **DATRYS PROBLEMAU**   **DA** – **DULL ARHOLIAD**

YS **1** Darganfyddwch arwynebedd y cylchoedd canlynol sydd â'u radiws yn

    a 5 cm

    b 7 m

    c 3.2 cm.

Rhowch eich atebion yn gywir i un lle degol.

> Cofiwch
> Arwynebedd
> $= \pi \times r^2$

YS **2** Darganfyddwch arwynebedd y cylchoedd canlynol sydd â'u diamedr yn

    a 6 cm

    b 5 m

    c 0.8 km.

Rhowch eich atebion yn gywir i un lle degol.

YS **3** **a** Arwynebedd cylch yw 15.7 cm². Darganfyddwch radiws y cylch. Rhowch eich ateb yn gywir i ddau le degol.

    b Arwynebedd cylch yw 1 m². Darganfyddwch ddiamedr y cylch. Rhowch eich ateb i'r centimetr agosaf.

DH **4** **a** Arwynebedd cylch yw 50 cm². Darganfyddwch gylchedd y cylch. Rhowch eich ateb yn gywir i un lle degol.

    b Cylchedd cylch yw 314 cm. Darganfyddwch arwynebedd y cylch. Rhowch eich ateb yn gywir i'r metr² agosaf.

DH **DA** **5** Mae Mo yn gwneud gwely blodau hanner cylch. Radiws y gwely blodau yw 1.5 m.

Darganfyddwch arwynebedd y gwely blodau. Rhowch eich ateb yn gywir i 2 le degol.

1.5 m

DP **DA** **6** Mae Mia yn gwneud carped hanner cylch. Arwynebedd y carped yw 2.55 m².

Darganfyddwch berimedr y carped. Rhowch eich ateb i'r cm agosaf.

DP
DA
7 Mae Naga yn bwydo'r pysgod yn ei phwll pysgod. Mae'r pwll pysgod ar siâp chwarter cylch. Am bob metr sgwâr o'r pwll, mae hi'n rhoi 25 g o fwyd pysgod i'r pysgod bob dydd.

Sawl gram o fwyd pysgod sydd ei angen arni i fwydo'r pysgod? Rhowch eich ateb i'r gram agosaf.

2.5 m

DP
DA
8 Mae'r diagram yn dangos pwll crwn gyda llwybr o'i amgylch. Radiws y pwll yw 2.5 m. Lled y llwybr yw 1 metr. Mae'r llwybr yn mynd i gael ei orchuddio gyda rhisgl pren. Mae rhisgl pren yn cael ei werthu mewn bagiau sy'n costio £2.99 yr un. Mae pob bag yn cynnwys digon o risgl i orchuddio 0.75 m².

Cyfrifwch gost y rhisgl pren sydd ei angen i orchuddio'r llwybr.

DP
DA
9 Mae Percy yn gwneud lawnt. Mae'r lawnt ar siâp hanner cylch wedi'i wneud o ddau hanner cylch. Mae gan yr hanner cylchoedd yr un canol. Radiws yr hanner cylch mawr yw 15 m. Radiws yr hanner cylch bach yw 5 m.

Mae Percy yn prynu blychau 1 kg o hadau gwair am £9 y blwch. Mae pob kg o'r hadau gwair yn ddigon ar gyfer 25 m².

Faint mae'n ei gostio i Percy brynu'r hadau gwair?

15 m   5 m

DH
DA
10 Mae Paul yn gwneud tlws. Mae e'n ei wneud o hanner cylch a dau chwarter cylch o fetel. Diamedr yr hanner cylch yw 4.5 cm. Radiws y chwarter cylch mawr yw 2.5 cm. Radiws y chwarter cylch bach yw 1.5 cm.

Darganfyddwch arwynebedd y tlws.

DP
DA
11 Mae'r siâp hwn yn cynnwys triongl ongl sgwâr, hanner cylch a chwarter cylch.

Darganfyddwch arwynebedd y siâp hwn.

7.5 cm

6 cm

4.5 cm

Geometreg a Mesurau
Llinyn 3 Mesur siapiau Uned 5
Theorem Pythagoras

YS — YMARFER SGILIAU   DH — DATBLYGU HYDER   DP — DATRYS PROBLEMAU   DA — DULL ARHOLIAD

YS 1 Cyfrifwch hyd yr hypotenws ym mhob triongl.
Rhowch eich atebion yn gywir i 1 lle degol.

a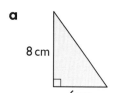
8 cm
6 cm

b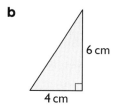
6 cm
4 cm

c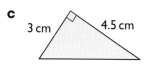
3 cm   4.5 cm

YS 2 Cyfrifwch hyd yr ochr anhysbys ym mhob triongl.
Rhowch eich ateb yn gywir i 2 le degol.

a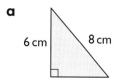
6 cm   8 cm

b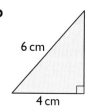
6 cm
4 cm

c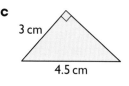
3 cm
4.5 cm

DH 3 Heb ddefnyddio cyfrifiannell, cyfrifwch hyd yr ochr anhysbys
ym mhob triongl.

a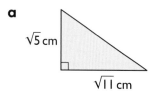
√5 cm
√11 cm

b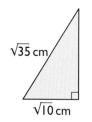
√35 cm
√10 cm

c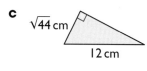
√44 cm
12 cm

DH 4 Pa rai o'r tri thriongl sy'n drionglau ongl sgwâr?
Eglurwch eich ateb.

a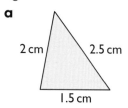
2 cm   2.5 cm
1.5 cm

b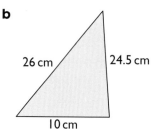
26 cm   24.5 cm
10 cm

c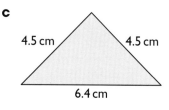
4.5 cm   4.5 cm
6.4 cm

DH **DA** **5** Petryal yw ABCD.

Cyfrifwch hyd y groeslin BD.
Rhowch eich ateb yn gywir i
3 ffigur ystyrlon.

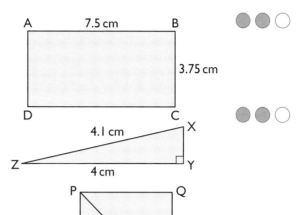

DH **6** Ar gyfer y triongl XYZ, cyfrifwch

  a y perimedr

  b yr arwynebedd.

DH **DA** **7** Sgwâr yw PQRS. Mae'r groeslin yn 16cm.

Cyfrifwch berimedr y sgwâr.
Rhowch eich ateb yn gywir i 3 ffigur ystyrlon.

DP **8** Mae sgwâr yn cael ei luniadu gyda'i fertigau ar gylchyn cylch.
Mae croeslin y sgwâr yn 8cm.

Cyfrifwch arwynebedd y rhan o'r diagram sydd wedi'i thywyllu, gan
roi eich ateb yn gywir i 3 ffigur ystyrlon.

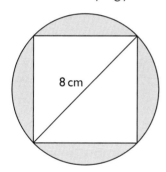

DP **DA** **9** Cyfrifwch arwynebedd y cae sy'n cael ei ddangos yn y diagram hwn.
Rhowch eich ateb mewn hectarau i 3 ffigur ystyrlon.
(1 hectar = 10000 m²)

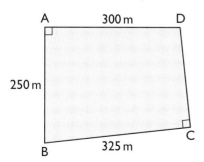

Geometreg a Mesurau
Llinyn 4 Llunio Uned 3
Lluniadau â chwmpas

YS — YMARFER SGILIAU   DH — DATBLYGU HYDER   DP — DATRYS PROBLEMAU   DA — DULL ARHOLIAD

YS 1 Defnyddiwch bren mesur a chwmpas i lunio pob triongl yn fanwl gywir.

a

6 cm   7 cm

5 cm

b

5 cm   4 cm

5 cm

c

7 cm   10 cm

5 cm

YS 2 Defnyddiwch bren mesur a chwmpas i lunio pob triongl yn fanwl gywir.

a

6.5 cm

60°

5 cm

b

60°

5.6 cm   4.5 cm

c

6 cm

120°

5 cm

YS 3 Defnyddiwch bren mesur a chwmpas i lunio pob ongl.

   a 90°

   b 120°

   c 45°

   ch 30°

4 a Defnyddiwch bren mesur a chwmpas i lunio triongl ABC.

b Lluniwch hanerydd perpendicwlar pob un o'r tri ochr.

c Marciwch y pwynt M lle mae'r tri hanerydd perpendicwlar yn cwrdd.

ch Lluniadwch gylch â chanol M sy'n mynd trwy'r pwyntiau A, B ac C.
Y term am hwn yw amgylch y triongl.

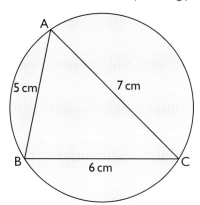

 5 a Defnyddiwch bren mesur a chwmpas i lunio triongl DEF.

b Hanerwch yr onglau allanol BDE a GED.

c Marciwch y pwynt M lle mae'r ddau hanerydd ongl yn cwrdd.

ch Lluniadwch gylch â chanol M i gyffwrdd â BD, DE ac EG.
Y term am hwn yw allgylch y triongl.

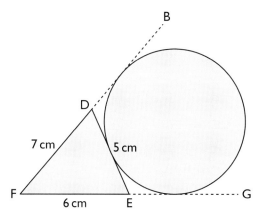

 6 a Defnyddiwch bren mesur a chwmpas i lunio triongl PQR â
PQ = 8 cm, QR = 6.8 cm a'r ongl PQR = 45°.

b Marciwch y pwynt A ar PQ fel bod PA = AQ.

c Lluniwch betryal ABCD fel bod B ar PR a bod C a hefyd D ar QR.

Geometreg a Mesurau
Llinyn 4 Llunio Uned 4 Loci

YS — YMARFER SGILIAU   DH — DATBLYGUHYDER   DP — DATRYS PROBLEMAU   DA — DULL ARHOLIAD

YS 1 Lluniadwch grid cyfesurynnau ar bapur graff 2 mm.

Lluniadwch yr echelin-x o –6 i 6.

Lluniadwch yr echelin-y o –5 i 7.
Lluniadwch locws y pwyntiau sydd

  a 4 cm o (1, 1)

  b 2 cm o'r llinell sy'n cysylltu (–3, 3) a (–3, –2)

  c yr un pellter o'r pwyntiau (1, 5) a (5, 1)

  ch yr un pellter o'r llinellau sy'n cysylltu (–4, 4) â (0, –4) a
     (0, 4) â (–4, –4).

YS 2 Mae'r diagram yn dangos gardd Fflur.
Mae Fflur eisiau plannu coeden
newydd yn ei gardd.
Bydd y goeden yn cael ei phlannu:

  • yn agosach at RQ nac RS

  • llai nag 8 m o Q.

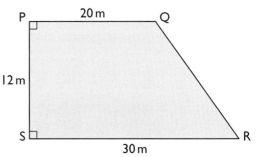

  a Lluniadwch y diagram yn fanwl
    gywir, gan ddefnyddio'r raddfa
    1 cm = 2 m.

  b Tywyllwch y rhanbarth lle gallai Fflur blannu'r goeden newydd.

DP 3 Mae'r diagram yn dangos safleoedd Colchester ac Ipswich.
Mae Ipswich 18 milltir i'r gogledd-ddwyrain o Colchester.
Mae cwmni eisiau adeiladu gwesty newydd fel ei fod

  • yn agosach at Ipswich na Colchester

  • llai nag 12 milltir o Colchester.

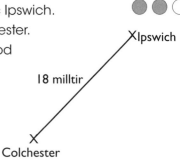

  a Lluniadwch y diagram yn fanwl gywir, gan
    ddefnyddio'r raddfa 1 cm = 2 filltir.

  b Tywyllwch y rhanbarth lle gallai'r gwesty
    gael ei adeiladu.

4 Mae'r diagram yn dangos maes parcio sy'n mesur 75 m wrth 55 m.

Ni all ceir gael eu parcio o fewn 20 m i W nac o fewn 15 m i XY.

a Lluniadwch y maes parcio yn fanwl gywir, gan ddefnyddio'r raddfa 1 cm = 10 m.

b Tywyllwch y rhanbarth lle na ddylai ceir gael eu parcio.

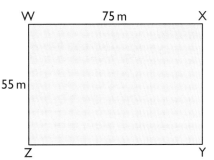

 5 Darn sgwâr o gerdyn wedi'i osod ar linell syth yw PQRS.

Yn gyntaf mae'r cerdyn yn cael ei gylchdroi 90° yn glocwedd o amgylch R.

Yna mae'n cael ei gylchdroi 90° yn glocwedd o amgylch Q.

Yn olaf mae'n cael ei gylchdroi 90° yn glocwedd o amgylch P.

Lluniadwch locws y fertig S.

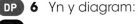 **6** Yn y diagram:

- bwiau (*buoys*) yw P a Q.
  Mae P 750 m i'r gogledd o Q ac mae Q 1 km i'r gogledd-ddwyrain o H.

- Mae H 1 km oddi wrth R ar gyfeiriant o 020°.

  Mae'n rhaid i Ewan lywio ei gwch ar hyd cwrs o'r porthladd R rhwng y bwiau yn P a Q. Rhaid iddo aros o leiaf 300 m i ffwrdd o H.

  Mae Ewan eisiau hwylio i'r gogledd o R ac yna ar gwrs ar hanerydd perpendicwlar P a Q.

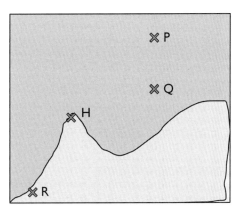

a Lluniadwch ddiagram manwl gywir o daith Ewan yn y cwch, gan ddefnyddio'r raddfa 1 cm = 100 m.

b A fydd e'n mynd yn rhy agos at H?
Eglurwch eich ateb.

Geometreg a Mesurau
Llinyn 5 Trawsffurfiadau
Uned 3 Trawsfudo

YS — YMARFER SGILIAU   DH — DATBLYGU HYDER   DP — DATRYS PROBLEMAU   DA — DULL ARHOLIAD

YS **1** Copïwch y diagram ac atebwch y cwestiynau.

DH **a** Trawsfudwch y triongl 2 uned i'r dde a 3 uned i lawr.

DP **b** Ysgrifennwch gyfesurynnau pob un o fertigau eich triongl wedi'i drawsfudo.

DA

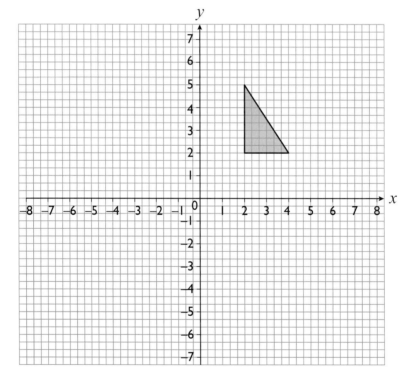

YS **2** Copïwch y diagram ac atebwch y cwestiynau.

DH **a** Trawsfudwch y triongl 1 uned i'r dde a 3 uned i fyny.

DP **b** Ysgrifennwch gyfesurynnau pob un o fertigau eich triongl wedi'i drawsfudo.

DA

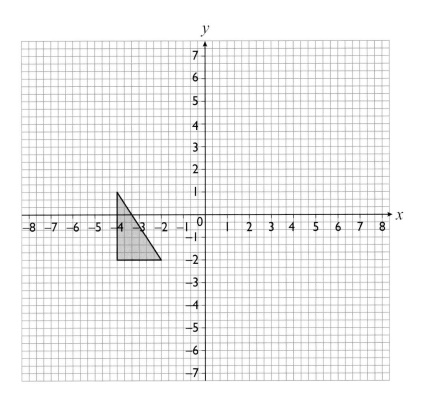

YS

DH

DP

DA

3 Copïwch y diagram ac atebwch y cwestiynau.

    a Trawsfudwch y triongl 2 uned i'r chwith ac 8 uned i fyny.

    b Ysgrifennwch gyfesurynnau pob un o fertigau eich triongl wedi'i drawsfudo.

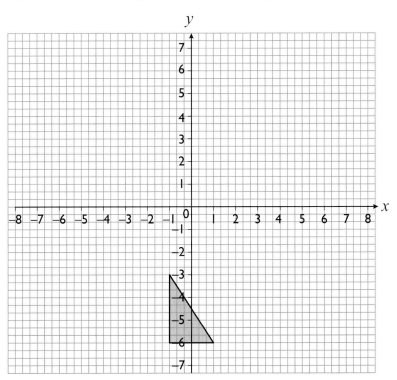

119

Geometreg a Mesurau
Llinyn 5 Trawsffurfiadau
Uned 4 Adlewyrchu

YS — YMARFER SGILIAU   DH — DATBLYGU HYDER   DP — DATRYS PROBLEMAU   DA — DULL ARHOLIAD

DH   **1** Copïwch y diagram ac atebwch y cwestiynau.

DP   **a** Adlewyrchwch yn yr echelin-*x* y triongl sy'n cael ei ddangos.

    b Ysgrifennwch gyfesurynnau pob un o fertigau eich triongl wedi'i adlewyrchu.

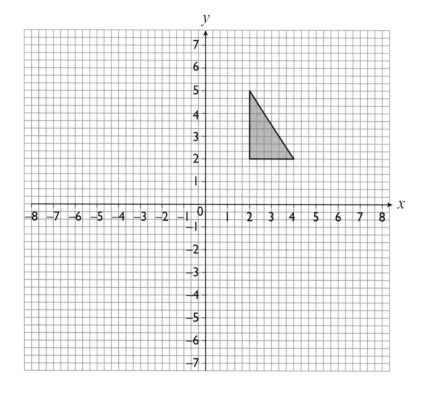

DH **2** Copïwch y diagram ac atebwch y cwestiynau.

DP
   a Adlewyrchwch yn yr echelin-y y triongl sy'n cael ei ddangos.

   b Ysgrifennwch gyfesurynnau pob un o fertigau eich triongl wedi'i adlewyrchu.

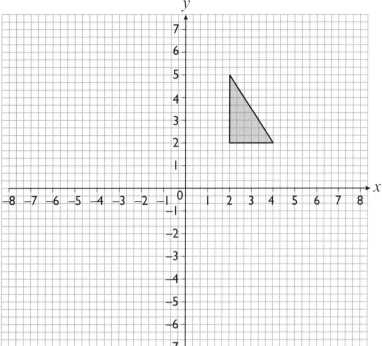

YS **3** Copïwch y diagram ac atebwch y cwestiynau.

DA
   a Adlewyrchwch yn y llinell $x = -1$ y triongl sy'n cael ei ddangos.

   b Ysgrifennwch gyfesurynnau pob un o fertigau eich triongl wedi'i adlewyrchu.

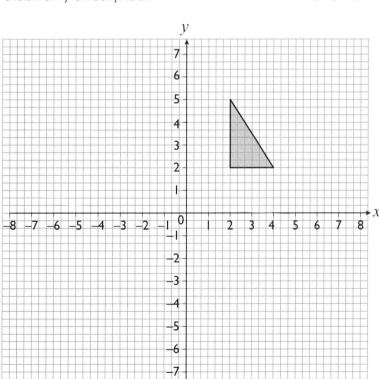

YS **4** Copïwch y diagram ac atebwch y cwestiynau.

DA

    a Adlewyrchwch yn y llinell $y = x$ y triongl sy'n cael ei ddangos.

    b Ysgrifennwch gyfesurynnau pob un o fertigau eich triongl wedi'i adlewyrchu.

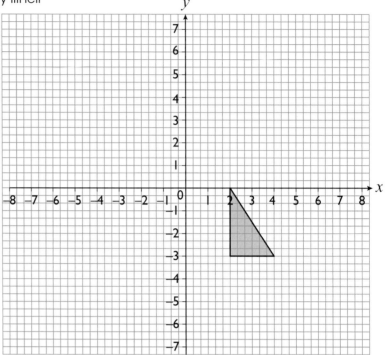

YS **5** Copïwch y diagram ac atebwch y cwestiynau.

DA

    a Adlewyrchwch yn y llinell $y = -x$ y triongl sy'n cael ei ddangos.

    b Ysgrifennwch gyfesurynnau pob un o fertigau eich triongl wedi'i adlewyrchu.

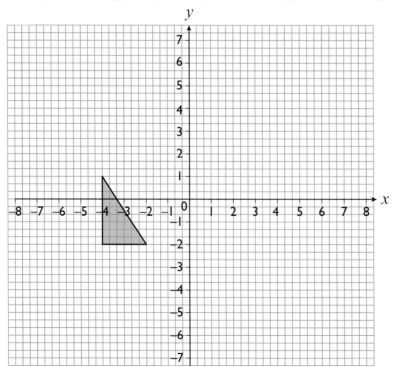

Geometreg a Mesurau
Llinyn 5 Trawsffurfiadau
Uned 5 Cylchdroi

YS — YMARFER SGILIAU   DH — DATBLYGUHYDER   DP — DATRYS PROBLEMAU   DA — DULL ARHOLIAD

DH **1** Copïwch y diagram ac atebwch y cwestiynau.

DP

a Cylchdrowch y triongl sy'n cael ei ddangos 180° o amgylch y tarddbwynt (0, 0).

b Ysgrifennwch gyfesurynnau pob un o fertigau eich triongl wedi'i gylchdroi.

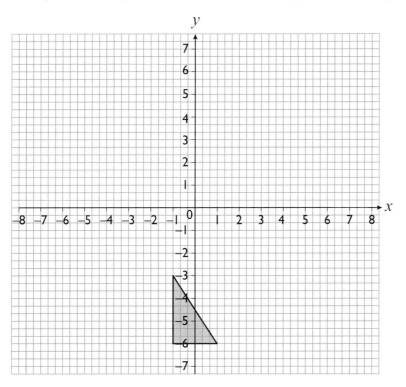

MATHEMATEG YN UNIG

DH **2** Copïwch y diagram ac atebwch y cwestiynau.

DP   **a** Cylchdrowch y triongl sy'n cael ei ddangos 90° yn glocwedd o amgylch y tarddbwynt (0, 0).

b Ysgrifennwch gyfesurynnau pob un o fertigau eich triongl wedi'i gylchdroi.

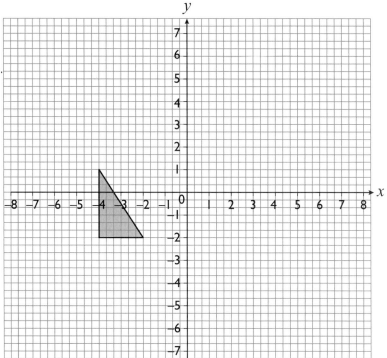

DH **3** Copïwch y diagram ac atebwch y cwestiynau.

DP   **a** Cylchdrowch y triongl sy'n cael ei ddangos 90° yn wrthglocwedd o amgylch y tarddbwynt (0, 0).

b Ysgrifennwch gyfesurynnau pob un o fertigau eich triongl wedi'i gylchdroi.

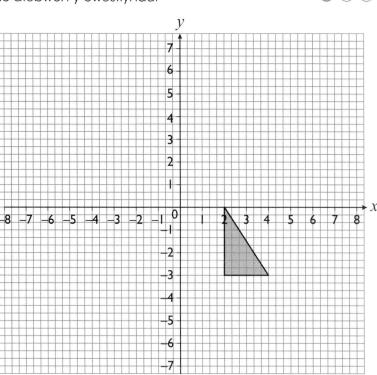

YS **4** Copïwch y diagram ac atebwch y cwestiynau.

DA

a Cylchdrowch y triongl sy'n cael ei ddangos 180° o amgylch y pwynt (1, 2).

b Ysgrifennwch gyfesurynnau pob un o fertigau eich triongl wedi'i gylchdroi.

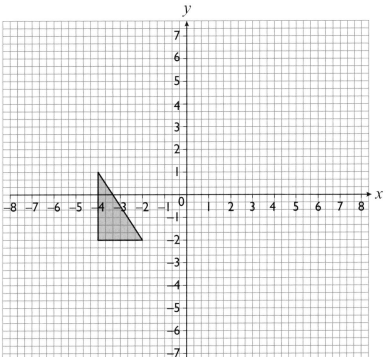

YS **5** Copïwch y diagram ac atebwch y cwestiynau.

DA

a Cylchdrowch y triongl sy'n cael ei ddangos 90° yn wrthglocwedd o amgylch y pwynt (−1, 2).

b Ysgrifennwch gyfesurynnau pob un o fertigau eich triongl wedi'i gylchdroi.

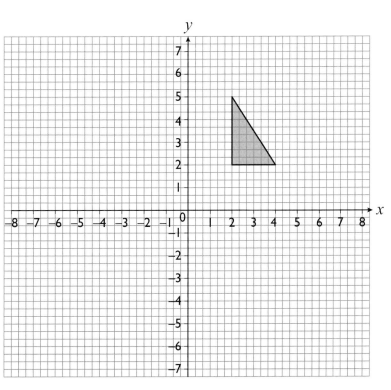

MATHEMATEG YN UNIG

YS **6** Copïwch y diagram ac atebwch y cwestiynau.

DA

a Cylchdrowch y triongl sy'n cael ei ddangos 90° yn wrthglocwedd o amgylch y pwynt (−3, −2).

b Ysgrifennwch gyfesurynnau pob un o fertigau eich triongl wedi'i gylchdroi.

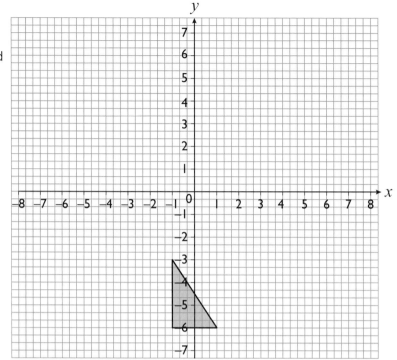

YS **7** Copïwch y diagram ac atebwch y cwestiynau.

DA

a Cylchdrowch y triongl sy'n cael ei ddangos 90° yn wrthglocwedd o amgylch y pwynt (−2, 1).

b Ysgrifennwch gyfesurynnau pob un o fertigau eich triongl wedi'i gylchdroi.

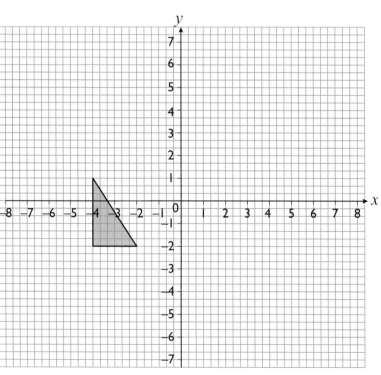

Geometreg a Mesurau
Llinyn 5 Trawsffurfiadau
Uned 6 Helaethu

YS — YMARFER SGILIAU   **DH** — DATBLYGUHYDER   **DP** — DATRYS PROBLEMAU   **DA** — DULL ARHOLIAD

YS **1** Dyma grid sgwariau.

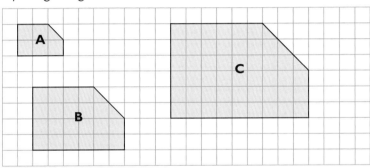

Ysgrifennwch ffactor graddfa yr helaethiad sy'n cymryd

a A i B

b A i C

c B i C.

DH **2** Helaethwch y triongl P yn ôl

DP **a** ffactor graddfa 2 canol (–1, 0)

b ffactor graddfa 3 canol (–4, 2).

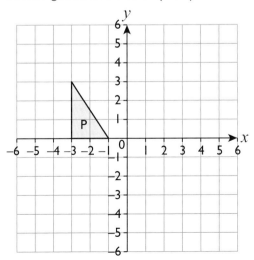

DH
DP

3 Gwnewch dri chopi o'r diagram hwn. Helaethwch y triongl T yn ôl

a ffactor graddfa 3 canol (4, 3)

b ffactor graddfa 2 canol (2, 2)

c ffactor graddfa 1.5 canol (3, 1).

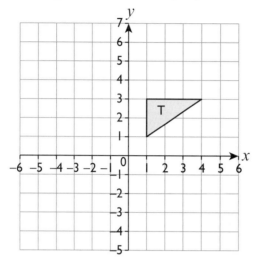

DH **4** Disgrifiwch yn llawn y trawsffurfiad sengl sy'n mapio

a triongl T i driongl Q

b triongl T i driongl R.

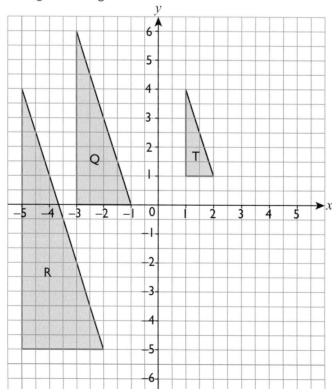

DP **5** Dyma ffotograff bach. Mae'r ffotograff bach yn cael ei helaethu yn ôl
DA   ffactor graddfa 3 i wneud ffotograff mawr.

Beth yw perimedr y ffotograff mawr?

4 cm

←—— 6 cm ——→

DP **6** Dyma ffotograff. Mae Jill yn gwneud
DA   helaethiadau o'r ffotograff.

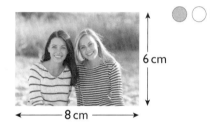

6 cm

←——— 8 cm ———→

Helaethiad A

Helaethiad B

←——————— 32 cm ———————→   ←——————— 16 cm ———————→

a Darganfyddwch ffactor graddfa Helaethiad A.

b Darganfyddwch led Helaethiad A.

c Cyfrifwch berimedr Helaethiad B.

MATHEMATEG YN UNIG

DP
DA

7 Mae gan Sophie ddarlun mae hi eisiau ei roi mewn ffrâm ffotograff.
Hyd y ffotograff yw 5 cm a'i led yw 3 cm. Hyd y ffrâm ffotograff yw 17.5 cm.
Mae hi'n mynd i helaethu'r ffotograff i ffitio yn y ffrâm.

Pa led mae'n rhaid i'r ffrâm fod er mwyn i'r ffotograff wedi'i helaethu allu ffitio ynddi?

3 cm

5 cm

17.5 cm

DH

8 Helaethwch y triongl P yn ôl

a ffactor graddfa $\frac{1}{2}$ canol $(-4, 4)$

b ffactor graddfa $\frac{1}{3}$ canol $(-4, -5)$.

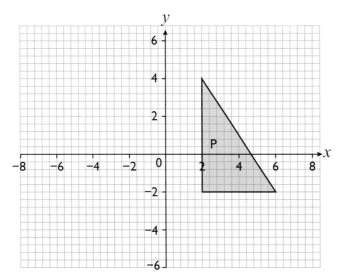

Geometreg a Mesurau
Llinyn 5 Trawsffurfiadau
Uned 7 Cyflunedd

YS   YMARFER SGILIAU   DH   DATBLYGU HYDER   DB   DATRYS PROBLEMAU   DA   DULL ARHOLIAD

YS **1** Cyfrifwch yr hydoedd sydd â llythrennau ym mhob pâr o drionglau cyflun.

a
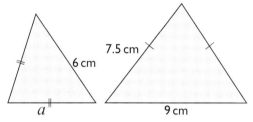

b
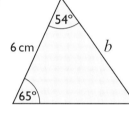

c
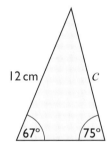

ch
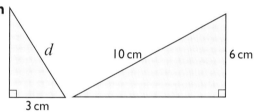

YS **2** Dau driongl cyflun yw XYZ a PQR.

Cyfrifwch hyd

a XY

b PR.

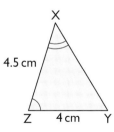
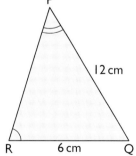

DH **3** Cyfrifwch yr hydoedd sydd â llythrennau ym mhob pâr o siapiau cyflun.

a
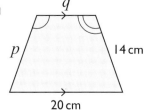
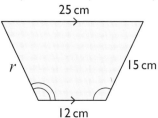

131

b

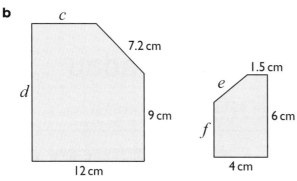

DH **DA** **4** Dau driongl cyflun yw ABC ac ADE.
Mae BC yn baralel i DE.
Cyfrifwch hyd

a BC

b AE.

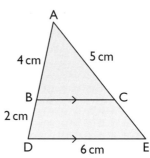

DH **DA** **5** Mae'r trionglau DEF a HGJ
yn gyflun.
Cyfrifwch hyd

a DE

b JH.

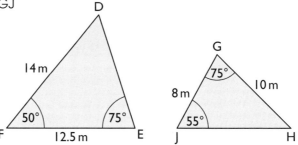

DH **DA** **6** Yn y diagram hwn, mae PQ yn
baralel i RS.
Cyfrifwch hyd

a RT

b PT.

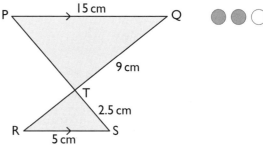

DP **DA** **7** Mae'r diagram yn
dangos set o
gynalyddion (*supports*) o
ddau faint sydd wedi'u
gwneud i gynnal silffoedd.
Cyfrifwch werth

a x **b** y.

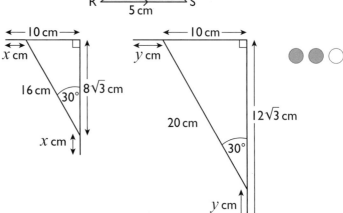

Geometreg a Mesurau
Llinyn 5 Trawsffurfiadau
Uned 8 Trigonometreg

YS — **YMARFER SGILIAU**   **DH** — **DATBLYGU HYDER**   **DP** — **DATRYS PROBLEMAU**   **DA** — **DULL ARHOLIAD**

YS **1** Cyfrifwch hyd yr ochr sydd â llythyren ym mhob triongl ongl sgwâr.
Rhowch eich atebion yn gywir i 1 lle degol.

a
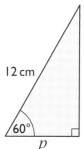
12 cm
60°
p

b
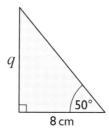
q
50°
8 cm

c
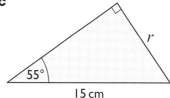
r
55°
15 cm

YS **2** Ar gyfer pob triongl, cyfrifwch werth θ.
Rhowch eich ateb yn gywir i 1 lle degol.

a
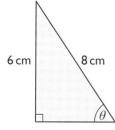
6 cm   8 cm
θ

b
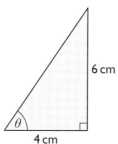
6 cm
θ
4 cm

c
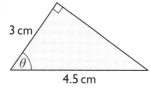
3 cm
θ
4.5 cm

YS **3** Cyfrifwch hyd yr ochr sydd â llythyren ym mhob triongl ongl sgwâr.
Rhowch eich atebion yn gywir i 2 le degol.

a
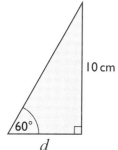
10 cm
60°
d

b
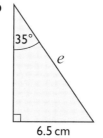
35°
e
6.5 cm

c
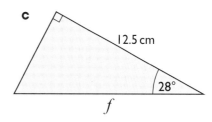
12.5 cm
28°
f

133

DH **DA** **4** Cyfrifwch uchder perpendicwlar u y triongl hwn.

Rhowch eich ateb yn gywir i 3 ffigur ystyrlon.

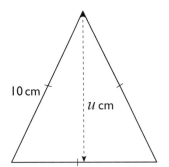

10 cm

u cm

DH **5** Cyfrifwch berimedr ac arwynebedd y sgwâr hwn, gan roi eich ateb yn gywir i 3 ffigur ystyrlon.

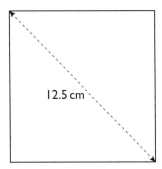

12.5 cm

DH **DA** **6** Mae Betsan 80 m o fast teledu ar dir llorweddol.

Mae hi'n mesur ongl godiad pen uchaf y mast teledu yn 40°.

Cyfrifwch uchder y mast teledu, gan roi eich ateb yn gywir i 1 lle degol.

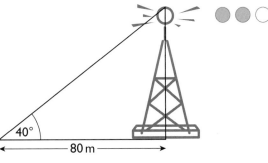

40°

80 m

DH **DA** **7** Mae Osian yn sefyll 30 m o'r goeden ac mae ei fesurydd onglau 120 cm uwchlaw'r ddaear.

Mae e'n mesur yr ongl godiad i ben uchaf y goeden yn 35°.

Cyfrifwch uchder y goeden, yn gywir i 3 ffigur ystyrlon.

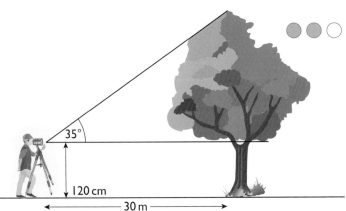

35°

120 cm

30 m

DP
DA
8 Mae'r diagram yn dangos fframwaith sydd wedi'i wneud o 5 rhoden.
Hyd y petryal yw 12 m.
Mae'r groeslin yn gwneud ongl o 25° â gwaelod y petryal.
Cyfrifwch hyd cyfan y 5 rhoden yn y fframwaith.
Rhowch eich ateb yn gywir i 3 ffigur ystyrlon.

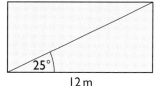

DP
DA
9 Hyd croeslin hiraf rhombws yw 10 cm.
Mae'r groeslin hon yn gwneud ongl o 30° â gwaelod y rhombws.
Cyfrifwch berimedr y rhombws, gan roi eich ateb yn gywir i 3 ffigur ystyrlon.

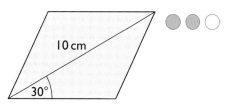

DP
DA
10 Mae Alfie yn mynd yn ei gwch i archwilio dwy felin wynt alltraeth yn W ac M.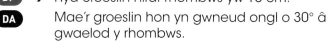
Mae e'n gadael yr harbwr H ac yn teithio i'r Dwyrain am 12 km i W ac yna 5 km i'r Gogledd i M.
Ar ba gyfeiriant mae'n rhaid iddo deithio i fynd yn syth yn ôl i H?
Rhowch eich ateb i'r radd agosaf.

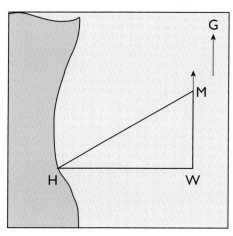

DP
DA
11 Mae Kirsty eisiau darganfod lled afon.
Mae hi'n sefyll ar ben uchaf y tŵr, T. Mae gwaelod y tŵr yn A.
Mae ABC yn llinell syth.
Mae ongl TAB yn ongl sgwâr.
Ongl ostwng:

- B o T yw 40°

- C o T yw 30°.

Mae gwaelod y tŵr 100 m o B.
Cyfrifwch beth yw lled yr afon.
Rhowch eich ateb yn gywir i 3 ffigur ystyrlon.

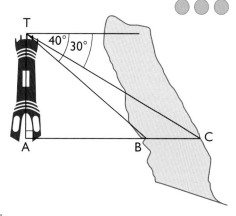

Geometreg a Mesurau
Llinyn 6 Siapiau tri dimensiwn
Uned 3 Cyfaint ac arwynebedd arwyneb ciwboidau

YS — YMARFER SGILIAU   **DH** — DATBLYGUHYDER   **DP** — DATRYS PROBLEMAU   **DA** — DULL ARHOLIAD

YS **1** Cyfrifwch gyfaint y ciwboidau canlynol.

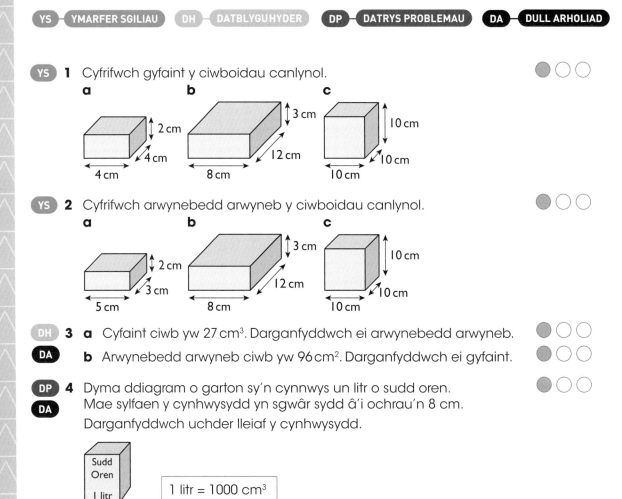

a 4 cm, 4 cm, 2 cm
b 8 cm, 12 cm, 3 cm
c 10 cm, 10 cm, 10 cm

YS **2** Cyfrifwch arwynebedd arwyneb y ciwboidau canlynol.

a 5 cm, 3 cm, 2 cm
b 8 cm, 12 cm, 3 cm
c 10 cm, 10 cm, 10 cm

DH **3 a** Cyfaint ciwb yw 27 cm³. Darganfyddwch ei arwynebedd arwyneb.

DA **b** Arwynebedd arwyneb ciwb yw 96 cm². Darganfyddwch ei gyfaint.

DP **4** Dyma ddiagram o garton sy'n cynnwys un litr o sudd oren.
DA Mae sylfaen y cynhwysydd yn sgwâr sydd â'i ochrau'n 8 cm.
Darganfyddwch uchder lleiaf y cynhwysydd.

Sudd Oren
1 litr

1 litr = 1000 cm³

136

5 Mae gan Phil flwch o frics tegan. Mae pob un o'r brics tegan yn giwb
sydd â'i ochrau'n 5 cm. Mae'r blwch yn llawn brics tegan.

Beth yw'r nifer mwyaf o frics tegan sy'n gallu ffitio i mewn i'r blwch?

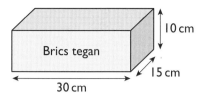

6 Mae te yn cael ei werthu mewn blychau. Uchder y blychau yw 12 cm.
Mae'r sylfaen yn sgwâr sydd â'i ochrau'n 5 cm. Mae'r blychau o de yn
cael eu dosbarthu i siopau mewn cartonau. Mae'r cartonau'n giwboidau
sydd â'u hyd yn 60 cm, eu lled yn 30 cm a'u huchder yn 36 cm.
Cyfrifwch y nifer mwyaf o flychau o de fydd yn ffitio i mewn i un carton.

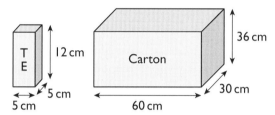

7 Mae tanc olew ar siâp ciwboid.
Mae'r tanc olew yn 2.5 m wrth 1.5 m
wrth 60 cm.

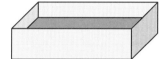

a Darganfyddwch gyfaint y tanc olew.

Mae'r tanc olew yn hanner llawn o olew.

b Faint o olew mae angen ei ychwanegu
at y tanc er mwyn ei lenwi'n llwyr?

$$1 \text{ m}^3 = 1000 \text{ o litrau}$$

8 Mae Nick yn mynd i beintio ei bwll nofio. Mae'r pwll ar dir gwastad ac
mae ar siâp ciwboid. Mae e'n mynd i beintio'r pedwar wyneb allanol a
phob un o'r wynebau mewnol.

Dimensiynau'r pwll yw 15 m wrth 8 m wrth 1.2 m. Mae 1 litr o'r paent mae Nick yn
mynd i'w ddefnyddio yn ddigon ar gyfer 15 m².
Faint o litrau o baent bydd angen i Nick eu prynu?

9 Mae Jill yn dylunio blwch sydd â chlawr. Mae'r blwch yn mynd i ddal
disgiau pren sydd â'u diamedr yn 6 cm a'u huchder yn 0.5 cm. Rhaid i
flwch Jill ddal hyd at 120 o ddisgiau.
Cyfrifwch ddimensiynau blwch y gallai Jill ei ddefnyddio.

10 Mae gan Penny sied sydd â tho gwastad. Mae'r to yn betryal sydd
â'i hyd yn 1.8 m a'i led yn 1.2 m. Un noson gwnaeth 2.5 cm o law
ddisgyn ar y to a chael ei gasglu mewn cynhwysydd sydd ar siâp ciwboid.

Uchder y cynhwysydd yw 1.5 m ac mae ganddo sylfaen sgwâr sydd â hyd yr
ochrau'n 30 cm. Ddechrau'r nos roedd 10 cm o law yn y cynhwysydd.
Cyfrifwch uchder y dŵr yn y cynhwysydd ddiwedd y nos.

Geometreg a Mesurau
Llinyn 6 Siapiau tri dimensiwn
Uned 4 Cynrychioliadau 2D o siapiau 3D

YS — **YMARFER SGILIAU**   **DH** — **DATBLYGUHYDER**   **DP** — **DATRYS PROBLEMAU**   **DA** — **DULL ARHOLIAD**

DP **1** Dyma luniad 3D o garej Graham.
Mae'r blaenolwg a'r cefnolwg yn betryalau.
Mae'r ddau wyneb fertigol arall yn
drapesiymau.

Ar bapur sgwariau, gan ddefnyddio'r
raddfa 1 cm yn cynrychioli 1 m

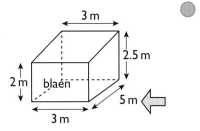

a lluniadwch uwcholwg y garej

b lluniadwch flaenolwg y garej

c lluniadwch ochrolwg y garej o'r cyfeiriad
sy'n cael ei ddangos gan y saeth.

DH **2** Dyma rai siapiau mathematgol. Mae gan bob un sylfaen sgwâr
sydd â hyd yr ochrau'n 5 cm. Ar bapur sgwariau brasluniwch, ar
gyfer pob siâp,

a yr uwcholwg

b y blaenolwg

c yr ochrolwg.

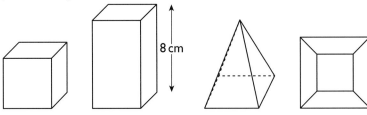

YS **3** Dyma uwcholwg, blaenolwg ac ochrolwg siâp 3D.
DA Lluniadwch fraslun o'r siâp 3D.

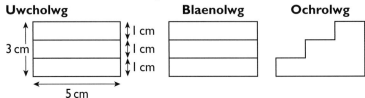

DH **DA** **4** Dyma uwcholwg, blaenolwg ac ochrolwg siâp sydd wedi'i wneud o giwbiau centimetr.

Lluniadwch fraslun o'r solid 3D wedi'i wneud o'r ciwbiau hyn. Defnyddiwch bapur isometrig.

Uwcholwg   **Blaenolwg**   **Ochrolwg**

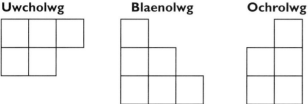

DH **5** Dyma siâp sydd wedi'i wneud o giwboid a phrism trionglog. Dimensiynau'r ciwboid yw 6 cm wrth 4 cm wrth 4 cm. Mae gan y prism trionglog sylfaen sgwâr ac uchder y prism trionglog yw 6 cm.

a Lluniadwch yr uwcholwg a'r blaenolwg ar gyfer y siâp 3D.

b Lluniadwch yr ochrolygon o gyfeiriad

   i y saeth lliw du

   ii y saeth lliw gwyn.

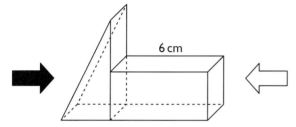

6 cm

DH **DA** **6** Dyma uwcholwg, blaenolwg ac ochrolwg siâp 3D.

Lluniadwch fraslun o'r siâp 3D.

Uwcholwg

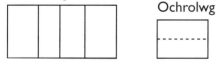

Ochrolwg

Blaenolwg

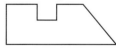

DP **DA** **7** Dyma luniad o sied Sid. Mae'r sied wedi'i gwneud o 4 wal fertigol a tho goleddol petryal.

a Lluniadwch ochrolwg y sied.

b Darganfyddwch arwynebedd to'r sied.

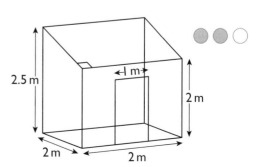

2.5 m

1 m

2 m

2 m

2 m

Geometreg a Mesurau Llinyn 6 Siapiau tri dimensiwn Uned 5 Prismau

YS — YMARFER SGILIAU   DH — DATBLYGUHYDER   DP — DATRYS PROBLEMAU   DA — DULL ARHOLIAD

YS **1** Dyma rai prismau. Darganfyddwch eu cyfaint.

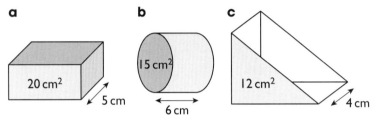

a 20 cm² 5 cm

b 15 cm² 6 cm

c 12 cm² 4 cm

YS **2** Dyma rai prismau. Darganfyddwch arwynebedd arwyneb cyfan y rhain.

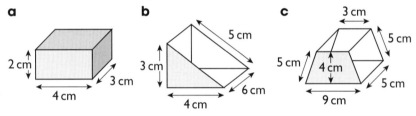

a 2 cm 3 cm 4 cm

b 5 cm 3 cm 4 cm 6 cm

c 3 cm 5 cm 5 cm 4 cm 5 cm 9 cm

YS **3** Dyma silindr.

DA **a** Darganfyddwch gyfaint y silindr.

b Darganfyddwch arwynebedd arwyneb cyfan y silindr.

3 cm ← 8 cm →

DH **4** Atebwch y canlynol.

a Arwynebedd trawstoriad prism hecsagonol yw 35 cm² a'i hyd yw 5 cm. Darganfyddwch gyfaint y prism hecsagonol.

b Cyfaint silindr yw 1 litr. Arwynebedd sylfaen gron y silindr yw 50 cm². Darganfyddwch uchder y silindr.

c Cyfaint prism wythonglog yw 24 cm³. Hyd y prism yw 3 cm. Darganfyddwch arwynebedd sylfaen y prism.

DP
DA

5 Dyma fraslun o sied Fred. Mae ar siâp prism pentagonol. Mae Fred yn mynd i beintio 6 wyneb allanol y sied. Mae 1 litr o'r paent mae e'n ei ddefnyddio yn ddigon ar gyfer 15 m².

Sawl litr o'r paent mae ei angen arno?

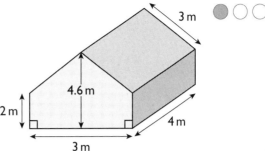

DH

6 Mae Siân yn gwneud daliwr pot planhigyn ar gyfer ei gardd o floc silindrog o bren. Diamedr y silindr yw 30 cm a'i uchder yw 30 cm. Mae Siân yn torri twll sydd â'i radiws yn 10 cm i mewn i'r silindr i ddyfnder o 20 cm.

Beth yw cyfaint y pren sydd ar ôl o'r silindr gwreiddiol?

DP
DA

7 Mae Susi yn mynd i dyfu llysiau mewn cynhwysydd yn ei gardd. Mae'r cynhwysydd ar siâp prism. Trapesiymau yw pennau'r prism.

Mae Susi yn bwriadu llenwi'r cynhwysydd yn gyfan gwbl â chompost i ddyfnder o 60 cm. Mae compost yn cael ei werthu mewn bagiau 65 litr.

Faint o fagiau o'r compost bydd angen i Susi eu prynu?

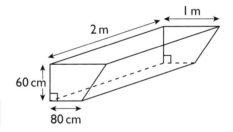

1 m³ = 1000 o litrau

DP
DA

8 Mae tanc gan Rhodri yn ei ardd i storio olew gwresogi. Mae'r tanc ar siâp prism sgwâr. Mae'r tanc yn mesur 60 cm wrth 1.2 m wrth 1.2 m. Lefel yr olew yn y tanc yw 30 cm o'r gwaelod. Mae Rhodri yn archebu 700 litr o olew gwresogi.

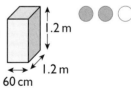

A fydd digon o le yn y tanc olew ar gyfer yr holl olew? Rhaid i chi egluro eich ateb.

DP
DA

9 Uchder tun o ffa pob yw 10 cm a'i radiws yw 3.7 cm. Y lle cyfartalog sydd ei angen ar gyfer un o'r ffa pob yw 0.2 cm³.

Amcangyfrifwch nifer y ffa pob sydd yn y tun.

DP
DA

10 Mae pwll nofio sydd ar siâp silindr gan Zigi. Diamedr y pwll nofio yw 1.2 m. Uchder y pwll nofio yw 90 cm. Mae Zigi yn gwacáu'r pwll nofio ar gyfradd o 5 litr o ddŵr y munud. Mae hi'n dechrau gwacáu'r pwll am 8.30 a.m.

Faint o'r gloch bydd y pwll nofio yn hollol wag?

Geometreg a Mesurau Llinyn 6 Siapiau tri dimensiwn Uned 6 Helaethu mewn 2 a 3 dimensiwn

YS — YMARFER SGILIAU   **DH** — DATBLYGUHYDER   **DP** — DATRYS PROBLEMAU   **DA** — DULL ARHOLIAD

YS 1 Dyma ddau gylch. Radiws un cylch yw 5 cm. Diamedr y cylch arall yw 5 cm.

    a Darganfyddwch gymhareb y diamedrau.

    b Cyfrifwch gymhareb yr arwynebeddau.

YS 2 Mae bloc o fflatiau ar siâp ciwboid. Mae Nathan yn gwneud model wrth raddfa o'r fflatiau. Mae e'n defnyddio'r raddfa 1 cm yn cynrychioli 50 cm.

    a Uchder y bloc o fflatiau yw 30 m. Beth yw uchder y model?

    b Arwynebedd blaen y model yw 300 cm². Beth yw arwynebedd blaen y bloc o fflatiau?

    c Dimensiynau'r model yw 10 cm wrth 25 cm wrth 30 cm. Darganfyddwch gyfaint y bloc o fflatiau.

DP 3 Mae gan Mario ffotograff bach mae e'n mynd i'w helaethu ar ei gyfrifiadur. Cymhareb hyd y ffotograff bach i hyd yr helaethiad yw 2:5.

DA

    a Darganfyddwch berimedr yr helaethiad.

    b Darganfyddwch arwynebedd yr helaethiad.

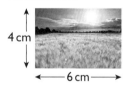

4 Arwynebedd arwyneb y ciwboid hwn yw 484 cm².

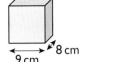

    a Darganfyddwch uchder y ciwboid.

    b Darganfyddwch gyfaint y ciwboid.

Mae'r ciwboid yn cael ei helaethu yn ôl ffactor graddfa 5.

    c Darganfyddwch arwynebedd arwyneb y ciwboid newydd.

    ch Darganfyddwch gyfaint y ciwboid newydd.

 5 Mae'r can dŵr mawr yn helaethiad o'r can dŵr bach. Mae uchder y can mawr ddwywaith cymaint ag uchder y can bach. Mae Susan yn cymryd 30 eiliad i lenwi'r can dŵr bach.

Faint o amser bydd yn ei gymryd i lenwi'r can dŵr mawr gan ddefnyddio'r un tap?

 6 Mae Lesley yn dylunio baner i hysbysebu cyngerdd. Mae e'n dylunio'r faner hon ar ei gyfrifiadur. Bydd y faner maint llawn yn ffitio ar draws mynedfa'r lleoliad. Lled y fynedfa yw 3.75 m. Mae'r faner yn costio £26 y metr sgwâr i'w gwneud.

Cyfrifwch gost y faner.

 7 Mae Keith yn gwneud model o stadiwm pêl-droed gan ddefnyddio'r raddfa 1:1000. Arwynebedd sylfaen y stadiwm ym model Keith yw 2500 cm².

    a Darganfyddwch arwynebedd sylfaen y stadiwm gwirioneddol.

Cyfaint y stadiwm gwirioneddol yw 10 000 000 m³.

    b Darganfyddwch gyfaint model Keith.

Geometreg a Mesurau
Llinyn 6 Siapiau tri dimensiwn
Uned 7 Llunio uwcholygon a golygon

YS — YMARFER SGILIAU DH — DATBLYGU HYDER DP — DATRYS PROBLEMAU DA — DULL ARHOLIAD

YS 1 Braslunwch uwcholwg, blaenolwg ac ochrolwg y siapiau canlynol. ● ● ○

a  b 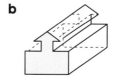 c 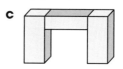 ch

YS 2 Mae'r diagram yn dangos uwcholwg a golygon plinth. ● ● ○
Gwnewch ddiagram isometrig o'r siâp hwn.

Uwcholwg 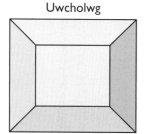 Blaenolwg  Ochrolwg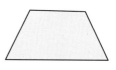

DH 3 Mae'r diagram yn dangos adeilad. ● ● ○
DA Lluniadwch yr uwcholwg, y blaenolwg a'r ochrolwg.

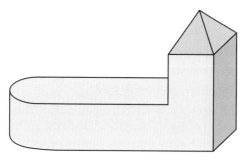

DP **DA** **4** Mae'r diagram yn dangos gweithdy Emma.

Mae apig (*apex*) y to yn ganolog i'r sylfaen.

Uchder mwyaf y gweithdy yw 3.5 m.

Lluniadwch olwg priodol wrth raddfa a defnyddiwch hwn i gyfrifo arwynebedd to'r gweithdy.

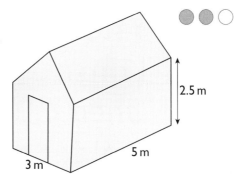

DP **5** Dyma uwcholwg a golygon adeiledd sydd wedi'i wneud o frics adeiladu teganaidd.

Mae'r adeiledd wedi'i wneud o'r canlynol:

- dau giwboid â thrawstoriad sgwâr sydd â'r ochrau yn 4 cm a'r uchder yn 2 cm
- un ciwboid â thrawstoriad sgwâr sydd â'r ochrau yn 2 cm a'r hyd yn 4 cm
- pyramid sylfaen sgwâr sydd â'i uchder fertigol yn 2 cm.

Lluniadwch y siâp 3D ar bapur isometrig.

Uwcholwg

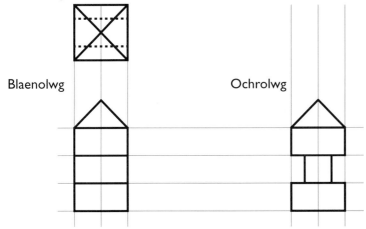

Blaenolwg   Ochrolwg

Ystadegaeth a Thebygolrwydd
Llinyn 1 Mesurau ystadegol
Uned 4 Defnyddio tablau amlder grŵp

YS — YMARFER SGILIAU   DH — DATBLYGU HYDER   DP — DATRYS PROBLEMAU   DA — DULL ARHOLIAD

1 Mae'r tabl yn dangos gwybodaeth am bwysau 50 winwnsyn/nionyn.

Pwysau (gramau), p	Amlder, f	Canolbwynt, m	$f \times m$
$70 < p \leqslant 90$	12	80	960
$90 < p \leqslant 110$	23		
$110 < p \leqslant 130$	10		
$130 < p \leqslant 150$	5		

   a Ym mha grŵp mae'r canolrif?

   b Copïwch a chwblhewch y tabl.

   c Darganfyddwch amcangyfrif ar gyfer y pwysau cymedrig.

2 Mae nifer y cwynion gafodd eu derbyn gan gwmni teledu ar bob un o 25 diwrnod wedi'i grynhoi yn y tabl.

Nifer y cwynion	Amlder, f	Canolbwynt, m	$f \times m$
0–2	3	1	3
3–5	11		
6–8	7		
9–11	4		

   a Copïwch a chwblhewch y tabl.

   b Darganfyddwch amcangyfrif ar gyfer y nifer cymedrig o gwynion.

   c Darganfyddwch amcangyfrif ar gyfer yr amrediad.

DH **3** Mewn arbrawf, gofynnwyd i rai plant wneud pos jigso. Mae'r tabl yn dangos gwybodaeth am yr amserau gafodd eu cymryd i wneud y pos jigso.

Amser (munudau), t	Amlder, f	Canolbwynt, m	$f \times m$
$5 < t \leqslant 7$	6		
$7 < t \leqslant 9$	18		
$9 < t \leqslant 11$	13		
$11 < t \leqslant 13$	8		
$13 < t \leqslant 15$	5		

a Ysgrifennwch y grŵp modd.

b Faint o blant wnaeth y pos jigso?

c Ym mha grŵp mae'r canolrif?

ch Copïwch a chwblhewch y tabl.

d Darganfyddwch amcangyfrif ar gyfer yr amser cymedrig.

DH **4** Mewn project tirfesur mae arwynebeddau 90 cae yn cael eu mesur. Mae'r canlyniadau wedi'u crynhoi yn y tabl.

Arwynebedd (hectarau), a	Amlder, f
$0 < a \leqslant 10$	9
$10 < a \leqslant 20$	15
$20 < a \leqslant 30$	23
$30 < a \leqslant 40$	28
$40 < a \leqslant 50$	15

a Cyfrifwch nifer y caeau sydd â'u harwynebedd

   i yn fwy na 30 hectar

   ii yn 40 hectar neu lai.

b Ysgrifennwch y grŵp modd.

c Amcangyfrifwch arwynebedd cymedrig y caeau.

DP **DA** **5** Mae 100 o goed yng Nghoedwig Ashdown. Mae'r tabl yn rhoi gwybodaeth am uchderau 85 o'r coed hyn.

Uchder (metrau), u	Amlder, f
$0 < u \leqslant 4$	30
$4 < u \leqslant 8$	24
$8 < u \leqslant 12$	15
$12 < u \leqslant 16$	12
$16 < u \leqslant 20$	4

Dyma uchderau'r 15 coeden arall, mewn metrau.

3.5	10.3	11.4	6.7	3.9
4.2	12.5	2.4	15.8	17.0
9.5	8.9	14.9	15.2	7.8

a Lluniadwch a chwblhewch dabl amlder ar gyfer y 100 o goed.

b Ysgrifennwch y grŵp modd.

c Darganfyddwch amcangyfrif ar gyfer uchder cymedrig y 100 o goed.

DP **DA** **6** Cofnododd rheolwr siop esgidiau y symiau o arian gafodd eu gwario ar esgidiau yn ystod un diwrnod. Mae'r canlyniadau wedi'u crynhoi yn y tabl.

Swm wedi'i wario (£), s	Amlder, f
$0 < s \leqslant 25$	4
$25 < s \leqslant 50$	26
$50 < s \leqslant 75$	63
$75 < s \leqslant 100$	17

a Cyfrifwch amcangyfrif ar gyfer cyfanswm yr arian wedi'i wario ar esgidiau y diwrnod hwnnw.

b Darganfyddwch amcangyfrif ar gyfer y cymedr.

c Eglurwch pam mai dim ond amcangyfrif o'r cymedr yw hwn.

DP **DA** **7** Mae Mrs Abdul yn mynd â rhai plant i barc thema. Mae'r tablau yn rhoi gwybodaeth am daldra'r plant.

Bechgyn	
Taldra (cm), t	Amlder, f
$120 < t \leqslant 125$	0
$125 < t \leqslant 130$	3
$130 < t \leqslant 135$	7
$135 < t \leqslant 140$	16
$140 < t \leqslant 145$	9

Merched	
Taldra (cm), t	Amlder, f
$120 < t \leqslant 125$	1
$125 < t \leqslant 130$	3
$130 < t \leqslant 135$	8
$135 < t \leqslant 140$	15
$140 < t \leqslant 145$	8

a Cymharwch daldra cymedrig y bechgyn a'r merched.

Mae cyfyngiad ar daldra gan un o'r reidiau yn y parc thema.
Dydy plant sydd â'u taldra'n 130 cm neu lai ddim yn gallu mynd ar y reid.

b Pa ganran o'r plant sydd ddim yn gallu mynd ar y reid?

DP **8** Mae'r tabl anghyflawn isod yn dangos rhywfaint o wybodaeth am dymheredd corff y cleifion mewn ysbyty.

DA

Tymheredd (°C), T	Amlder, f	Canolbwynt, m	$f \times m$
$36.25 < T \leqslant 36.75$	15	36.5	
$36.75 < T \leqslant 37.25$	19		703
$37.25 < T \leqslant 37.75$		37.5	450
	10	38	380
$38.25 < T \leqslant 38.75$	4		

a Copïwch a chwblhewch y tabl.

b Darganfyddwch amcangyfrif ar gyfer tymheredd corff cymedrig y cleifion.

c Yma mha grŵp mae'r canolrif?

Mae twymyn (*fever*) ar glaf os yw tymheredd y corff yn fwy na 38 °C.

ch Darganfyddwch yr amcangyfrif gorau ar gyfer nifer y cleifion sydd â thwymyn arnyn nhw.

DP **9** Cofnododd Balpreet hyd oes rhai batris mewn oriau, h. Dyma'r canlyniadau.

DA

11.0	10.5	14.2	16.3	18.3	14.8	15.8	12.5	17.9	13.9
15.5	16.3	15.4	17.7	12.3	19.5	13.6	16.8	14.3	14.9
14.5	12.8	13.6	17.6	15.0	14.2	19.6	15.7	13.1	15.7

a Cyfrifwch hyd oes cymedrig y batris.

b Lluniadwch a chwblhewch dabl amlder grŵp ar gyfer y data hyn gan ddefnyddio'r cyfyngau $10 < h \leqslant 12$, $12 < h \leqslant 14$, etc.

c Defnyddiwch eich tabl amlder grŵp i gyfrifo amcangyfrif ar gyfer hyd oes cymedrig y batris.

ch Ai goramcangyfrif neu danamcangyfrif o hyd oes cymedrig y batris yw eich amcangyfrif? Eglurwch pam.

Ystadegaeth a Thebygolrwydd
Llinyn 1 Mesurau ystadegol
Uned 5 Amrediad rhyngchwartel

YS YMARFER SGILIAU   DH DATBLYGU HYDER   DP DATRYS PROBLEMAU   DA DULL ARHOLIAD

YS 1 Ar gyfer pob un o'r setiau data canlynol, darganfyddwch

   i y canolrif ●○○   **ii** yr amrediad rhyngchwartel. ●●○

   a −8, −5, −3, −2, −2, 0, 3, 5, 7, 8, 10

   b 3.6, 2.7, 4.8, 1.6, 8.3, 7.9, 6.8, 5.4, 3.3, 5.7, 7.0

YS 2 Mae'r diagram blwch a blewyn yn rhoi gwybodaeth am hydoedd rhai ●●○
mwydod, mewn mm.

Darganfyddwch

   a yr hyd canolrifol

   b amrediad
   rhyngchwartel
   yr hydoedd.

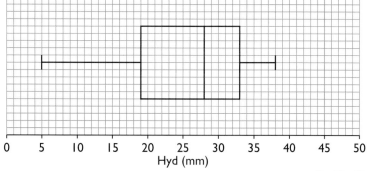

   0   5   10   15   20   25   30   35   40   45   50

                    Hyd (mm)

DH 3 Mae'r tabl yn rhoi gwybodaeth am yr amser wedi'i gymryd, mewn ●●○
munudau, i wasanaethu pob un o 80 o gwsmeriaid yn un o'r mannau
talu mewn archfarchnad.

Amser wedi'i gymryd (*t* munud)	$0 < t \leq 2$	$2 < t \leq 4$	$4 < t \leq 6$	$6 < t \leq 8$	$8 < t \leq 10$	$10 < t \leq 12$
Amlder	7	8	15	23	20	7

   a Lluniadwch ddiagram amlder cronnus ar gyfer y wybodaeth hon.

   b Darganfyddwch amcangyfrif ar gyfer

      i yr amser canolrifol   **ii** yr amrediad rhyngchwartel.

   Yr amser byrraf wedi'i gymryd i wasanaethu cwsmer oedd 0.5 munud.
   Yr amser hiraf wedi'i gymryd i wasanaethu cwsmer oedd 11 munud.

   c Lluniadwch ddiagram blwch a blewyn ar gyfer dosraniad yr amserau wedi'u
   cymryd i wasanaethu'r cwsmeriaid hyn.

DH **4** Mae'r diagram blwch a blewyn anghyflawn yn rhoi rhywfaint o wybodaeth am bwysau rhai cŵn, mewn kg. Mae'r diagram yn dangos y chwartel isaf, y chwartel uchaf a'r pwysau mwyaf. Mae'r pwysau canolrifol 8 kg yn fwy na'r chwartel isaf.

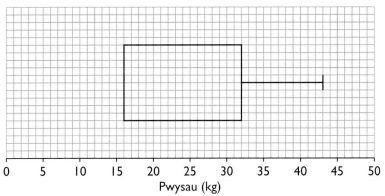

a Cyfrifwch y pwysau canolrifol.

Mae'r pwysau lleiaf 25 kg yn llai na'r chwartel uchaf. Cyfrifwch:

b y pwysau lleiaf

c amrediad y pwysau

ch yr amrediad rhyngchwartel.

DP **DA** **5** Mae'r diagramau blwch a blewyn yn dangos gwybodaeth am y nifer cyfartalog o filltiroedd am bob galwyn (m.y.g.) wedi'i gyflawni gan sampl o geir yn 1990 ac yn 2010.

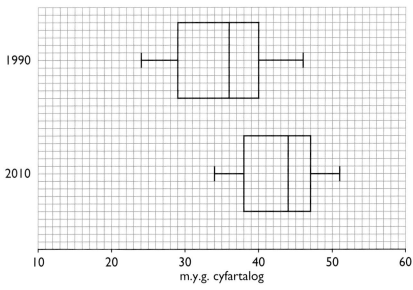

a Ysgrifennwch

i m.y.g. cyfartalog uchaf yn 1990

ii m.y.g. cyfartalog isaf yn 2010.

b Cymharwch ganolrifau ac amrediadau rhyngchwartel m.y.g. cyfartalog y ceir hyn.

6 Mae'r diagram amlder cronnus yn rhoi gwybodaeth am yr amserau wedi'u cymryd gan rai plant i wneud prawf.

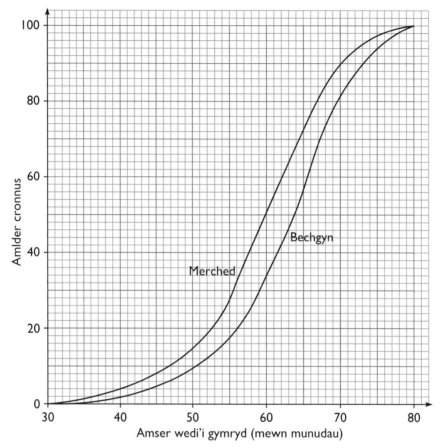

a Cymerodd mwy o ferched 50 munud neu lai i wneud y prawf na bechgyn. Amcangyfrifwch faint mwy.

b Cyfrifwch y canran o fechgyn gymerodd fwy na 70 munud i wneud y prawf.

c Cymharwch ganolrifau ac amrediadau rhyngchwartel yr amserau wedi'u cymryd gan y bechgyn a'r merched hyn i wneud y prawf.

Ystadegaeth a Thebygolrwydd
Llinyn 2 Diagramau ystadegol
Uned 3 Siartiau cylch

YS — YMARFER SGILIAU   **DH** — DATBLYGU HYDER   **DP** — DATRYS PROBLEMAU   **DA** — DULL ARHOLIAD

YS **1** Mae'r siart cylch yn dangos gwybodaeth am bwysau'r cynhwysion sy'n cael eu defnyddio i wneud teisen.

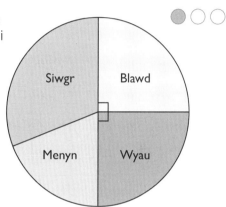

   a Pa gynhwysyn sydd â'r

     i pwysau lleiaf

     ii pwysau mwyaf?

   b Pa ffracsiwn o'r deisen yw'r blawd?

     Mae Tony yn gwneud y deisen hon.
     Mae e'n defnyddio 125 gram o wyau.

   c Cyfrifwch bwysau cyfan y deisen.

YS **2** Mae'r siart cylch yn dangos gwybodaeth am gyllid archfarchnad.

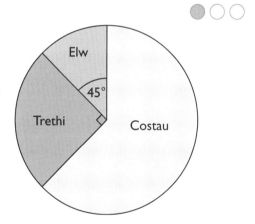

   a Pa ffracsiwn o'r cyllid yw'r elw?

     Yr ongl ar gyfer trethi yw 90°.

   b Cyfrifwch yr ongl sydd wedi'i defnyddio ar gyfer costau.

     Y trethi wedi'u talu oedd £5000.

   c Cyfrifwch

     i yr elw wedi'i wneud gan yr archfarchnad

     ii costau'r archfarchnad.

DH **3** Mae'r tabl yn rhoi nifer y pleidleisiau gafodd Simon, Helga a Bik mewn etholiad.

	Simon	Helga	Bik
Nifer y pleidleisiau	15	6	9

   Mae Tania yn mynd i luniadu siart cylch i ddangos y wybodaeth hon.

   a Faint o raddau dylai hi eu defnyddio ar gyfer un bleidlais?

b Cyfrifwch yr ongl dylai hi ei defnyddio ar gyfer

   i Helga   **ii** Simon.

c Mae Tania yn dweud: 'Roedd Bik wedi cael mwy na chwarter o'r pleidleisiau.' Ydy hi'n iawn? Rhowch reswm dros eich ateb.

DH **4** Mae'r siart llinell fertigol yn dangos gwybodaeth am y cownteri mewn bag. Mae siart cylch yn mynd i gael ei luniadu ar gyfer y wybodaeth hon.

   a Faint o raddau ddylai gael eu defnyddio ar gyfer pob cownter?

   b Lluniadwch y siart cylch.

   c Pa ganran o'r cownteri sy'n lliw gwyn?

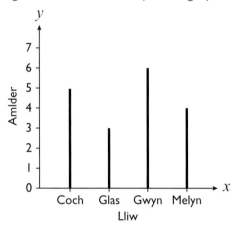

DH **5** Mae Sophie yn tynnu lluniau ar ei ffôn symudol. Mae'r tabl yn dangos gwybodaeth am y nifer a'r mathau o luniau roedd hi wedi eu tynnu ym mis Mehefin.

Math o lun	Teulu	Gwyliau	Anifeiliaid anwes	Ffrindiau	Arall
Amlder	36	78	60	87	9

Lluniadwch siart cylch i ddangos y wybodaeth hon.

DP **DA** **6** Cofnododd Cleg y nifer a'r mathau o goed mewn parc. Mae'r canlyniadau wedi'u crynhoi yn y siart cylch.

   a Mesurwch yr ongl sydd wedi'i defnyddio ar gyfer coed bedw.

   b Mae 240 o goed yn y parc. Cyfrifwch nifer y coed bedw yn y parc.

   c Mae mwy o goed sycamorwydd na choed derw. Faint mwy?

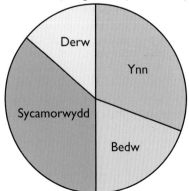

DP
DA

7 Mewn arolwg, gofynnodd Phil i rai pobl pa fath o gerddoriaeth maen nhw'n ei hoffi orau. Gallen nhw ddewis o blith pop, jazz, clasurol. Mae'r siartiau cylch yn rhoi gwybodaeth am y canlyniadau.

Roedd Phil wedi holi'r un nifer o fenywod a gwrywod.

a Defnyddiwch y siartiau cylch i gymharu'r canlyniadau ar gyfer y benywod a'r gwrywod. Ysgrifennwch ddwy gymhariaeth.

Roedd Phil wedi holi cyfanswm o 68 benyw.

b Cyfrifwch nifer y gwrywod sy'n hoffi jazz orau.

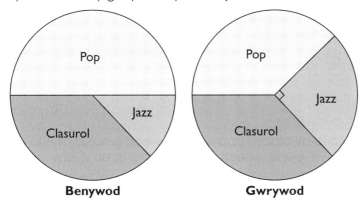

Benywod **Gwrywod**

DP
DA

8 Cofnododd Sylus y medalau wedi'u hennill gan Brydain mewn cystadleuaeth. Dyma'r canlyniadau.

Aur	Arian	Efydd	Aur	Arian
Efydd	Efydd	Efydd	Efydd	Efydd
Efydd	Arian	Efydd	Arian	Efydd

Lluniadwch siart cylch ar gyfer y wybodaeth hon.

DP
DA

9 Mae rhai myfyrwyr wedi sefyll prawf. Mae'r tabl a'r siart cylch anghyflawn yn rhoi rhywfaint o wybodaeth am y graddau gafodd eu rhoi yn y prawf.

Gradd	E	D	C	B	A
Amlder			10	16	12
Onglau wedi'u defnyddio yn y siart cylch	30				90

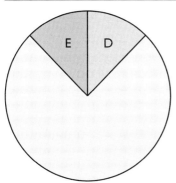

Copïwch a chwblhewch y tabl a'r siart cylch. Defnyddiwch eich tabl i gwblhau'r siart cylch.

Ystadegaeth a Thebygolrwydd Llinyn 2 Diagramau ystadegol Uned 4 Dangos data wedi'u grwpio

YS — YMARFER SGILIAU   **DH** — DATBLYGU HYDER   **DP** — DATRYS PROBLEMAU   **DA** — DULL ARHOLIAD

YS **1** Nodwch a yw pob math o ddata yn arwahanol neu'n ddi-dor. Mae'r un cyntaf wedi'i wneud i chi. ●○○

    a Nifer yr olwynion ar fws *arwahanol*

    b Yr amser wedi'i gymryd i redeg 100 metr

    c Màs eliffant

    ch Nifer y brics mewn wal

    d Tymheredd cwpanaid o de

    dd Uchder mynydd

    e Nifer y craterau ar y lleuad

YS **2** Copïwch a chwblhewch pob categori fel ei fod â 5 dosbarth hafal. ●○○

a $0 < w \leqslant 10$	$10 < w \leqslant 20$	_____	_____	_____
b $100 \leqslant t < 150$	_____	$200 \leqslant t < 250$	_____	_____
c _____	$15 \leqslant p < 17.5$	_____	$20 \leqslant p < 22.5$	_____
ch $125.7 < d \leqslant 126.2$	$126.2 < d \leqslant 126.7$	_____	_____	_____
d _____	$2.5 \leqslant c < 2.8$	$2.8 \leqslant c < 3.1$	_____	_____
dd _____	_____	$0.56 < h \leqslant 0.6$	_____	$0.64 < h \leqslant 0.68$

YS **3** Mae Neil wedi cofnodi màs 30 llygoden. Dyma'r canlyniadau, mewn gramau. ●○○

12.7	20.7	15.3	22.8	21.3	18.4	15.9	22.1	19.9	13.5
15.1	19.9	24.7	18.9	14.7	22.0	23.4	18.9	22.4	20.4
20.4	17.2	19.5	17.3	19.1	19.7	17.9	21.8	14.1	16.4

    a Copïwch a chwblhewch y siart marciau rhifo.

    b Ysgrifennwch y dosbarth modd.

Màs, m gram	Marciau rhifo	Amlder
$12.5 < m \leqslant 15$		
$15 < m \leqslant 17.5$		
$17.5 < m \leqslant 20$		
$20 < m \leqslant 22.5$		
$22.5 < m \leqslant 25$		

DH **4** Roedd meddyg wedi cofnodi tymheredd corff sampl o fabanod. Mae rhai o'r canlyniadau yn y diagram amlder hwn.

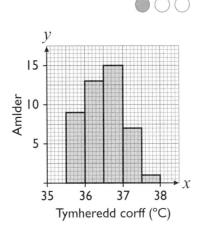

    a Copïwch a chwblhewch y tabl.

    b Sawl babi oedd yn y sampl?

    c Cyfrifwch y canran o fabanod yn y sampl oedd â thymheredd corff yn y cyfwng $36 < x \leqslant 37$.

Tymheredd corff, $x°C$	Amlder
$35 < x \leqslant 35.5$	0
	9
$36 < x \leqslant 36.5$	
$36.5 < x \leqslant 37$	
$37.5 < x \leqslant 38$	1

DH **5** Cofnododd Monica yr amser wedi'i gymryd, mewn eiliadau, i wasanaethu cwsmeriaid unigol yn ei siop. Mae'r canlyniadau wedi'u crynhoi yn y tabl amlder.

Amser, t eiliad	Amlder
$0 < t \leqslant 10$	4
$10 < t \leqslant 20$	8
$20 < t \leqslant 30$	17
$30 < t \leqslant 40$	12
$40 < t \leqslant 50$	9

    a Cymerodd fwy na 40 eiliad i wasanaethu rhai cwsmeriaid. Faint o gwsmeriaid?

    b Cymerodd 17.5 eiliad i wasanaethu Mr Brown. Ym mha grŵp mae ef?

    c Lluniadwch ddiagram amlder i ddangos y data.

DH **6** Mae'r diagram coesyn a dail yn rhoi gwybodaeth am uchderau, mewn metrau, 25 sycamorwydden mewn coedwig.

0	3	5	5	6	6	7	8	9	9	9
1	0	2	2	5	4	6	8	9		
2	2	6	6	7	9					
3	5	7								

Allwedd: mae 3|5 yn golygu coeden sydd â'i huchder yn 35 m

    a Lluniadwch ddiagram amlder i ddangos y data.

    b Disgrifiwch y dosraniad.

    Beth, os unrhyw beth, mae hyn yn ei ddweud wrthych am oed y sycamorwydd?

DP
DA

7 Roedd Amod wedi cofnodi cynhwysedd ysgyfaint 30 dyn. Dyma'r canlyniadau, mewn litrau.

5.6	5.7	5.1	5.9	5.5	5.6	5.1	5.6	6.8	5.3
6.1	5.4	6.2	6.4	5.4	5.7	6.4	6.5	5.9	6.4
5.8	5.9	6.3	5.1	5.8	6.6	5.6	5.3	5.8	6.8

a Gwnewch dabl amlder grŵp ar gyfer y data hyn, gan ddefnyddio pedwar cyfwng dosbarth hafal.

b Pa ddosbarth sy'n cynnwys y canolrif?

c Lluniadwch ddiagram amlder i ddangos y data.

DP
DA

8 Cofnododd Ori faint o amser, mewn eiliadau, gallai rhai myfyrwyr sefyll ar eu coes chwith. Mae'r canlyniadau yn y tabl amlder hwn.

Amser (ar gyfer y goes chwith), t eiliad	Amlder
$50 < t \leqslant 100$	12
$100 < t \leqslant 150$	33
$150 < t \leqslant 200$	20
$200 < t \leqslant 250$	8
$250 < t \leqslant 300$	7

Cofnododd hefyd faint o amser, mewn eiliadau, gallai'r myfyrwyr hyn sefyll ar eu coes dde. Mae'r canlyniadau yn y diagram amlder hwn.

Cymharwch yr hydoedd amser gallai'r myfyrwyr hyn sefyll ar bob coes.

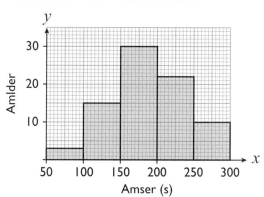

DP
DA

9 Mae Dafydd wedi cofnodi masau, m kg, 300 o fabanod. Mae'r canlyniadau yn y siart cylch hwn.

a Defnyddiwch y wybodaeth yn siart cylch Dafydd i luniadu diagram amlder.

b Mae Cathy yn dweud, 'mae diagram amlder yn ffordd well o ddangos canlyniadau Dafydd'. Ydych chi'n cytuno â Cathy? Eglurwch pam.

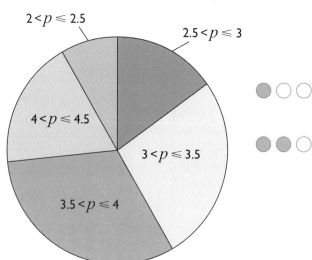

158

Ystadegaeth a Thebygolrwydd
Llinyn 2 Diagramau ystadegol
Uned 5 Diagramau gwasgariad

 YMARFER SGILIAU   DH DATBLYGU HYDER   DP DATRYS PROBLEMAU   DA DULL ARHOLIAD

 1 a Disgrifiwch y cydberthyniad sy'n cael ei ddangos yn y diagram gwasgariad hwn.

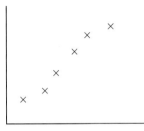

b Lluniadwch ddiagram gwasgariad i ddangos

  i cydberthyniad negatif

  ii dim cydberthyniad.

 2 Mae'r tabl yn dangos gwybodaeth am nifer y tudalennau mewn rhai llyfrau clawr papur a masau'r llyfrau hyn.

Nifer y tudalennau	80	79	80	96	128	72	120	144	95
Màs (g)	135	125	125	129	164	105	155	171	147

a Lluniadwch ddiagram gwasgariad ar gyfer y data hyn.

b Disgrifiwch y cydberthyniad yn y diagram gwasgariad.

c Tynnwch linell ffit orau.

ch Yn y llyfr clawr papur *Overlord* mae 100 o dudalennau. Defnyddiwch eich graff i amcangyfrif màs y llyfr clawr papur hwn.

d Màs *Superfast* yw 160 g. Defnyddiwch eich graff i amcangyfrif nifer y tudalennau yn y llyfr clawr papur hwn.

YS **3** Mae'r diagram gwasgariad yn dangos prisiau pob car ail-law yn *A1 garage* a nifer y milltiroedd mae pob un o'r ceir hyn wedi teithio.

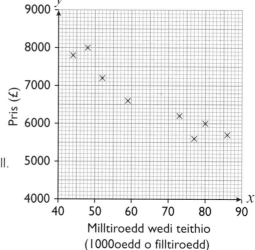

a Sawl car ail-law sydd yn A1 garage?

b Beth yw nifer y milltiroedd ar gyfer y car sydd â'r
  i pris uchaf   **ii** pris isaf?

c Cyfrifwch bris cymedrig yr holl geir ail-law yn *A1 garage*.

ch Disgrifiwch y cydberthyniad yn y diagram gwasgariad.

d Mae'r garej yn derbyn car ail-law arall. Mae cloc y car yn dangos 65 000 o filltiroedd. Amcangyfrifwch beth yw pris gwerthu'r car hwn.

DH
DA **4** Mae Gwilym wedi cofnodi taldra a hyd traed y saith athletwr arall yn ei garfan. Mae'r tabl yn dangos y canlyniadau.

Taldra (cm)	148	152	154	158	163	168	160
Hyd traed (cm)	20.5	23	21	24	25	26.5	25

a Lluniadwch y diagram gwasgariad.

b Disgrifiwch y cydberthyniad yn y diagram gwasgariad.

c Taldra Gwilym yw 165 cm. Tynnwch linell ffit orau a defnyddiwch hi i amcangyfrif hyd traed Gwilym.

DH
DA **5** Mae gwyddonydd wedi mesur dwysedd wyth nwy gwahanol a'u buanedd sain. Mae'r diagram gwasgariad yn dangos y canlyniadau.

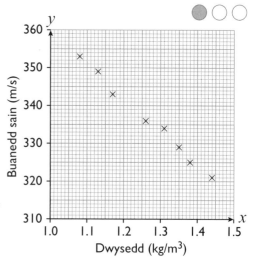

a Ar gyfer un o'r nwyon hyn, buanedd sain yw 349 m/s. Beth yw dwysedd y nwy hwn?

b Disgrifiwch y cydberthyniad sy'n cael ei ddangos yn y diagram gwasgariad.

c Tynnwch linell ffit orau a defnyddiwch hi i ragfynegi buanedd sain mewn nwy sydd â'i ddwysedd yn 1.2 kg/m³.

DH **6** Nodwch pa fath o gydberthyniad (positif neu negatif) sy'n cael ei awgrymu gan y perthnasoedd canlynol.

   a Wrth i daldra eliffant gynyddu, mae'r màs yn cynyddu hefyd.

   b Wrth i oed penbwl gynyddu, mae hyd ei gynffon yn lleihau.

   c Po fwyaf o danwydd sydd yn y tanc tanwydd mewn car, mwyaf i gyd yw'r pellter bydd e'n teithio.

   ch Po fwyaf o amser mae pobl yn ei dreulio yn gweithio, lleiaf i gyd o amser rhydd sydd ganddyn nhw.

   d Po fwyaf yw uchder balŵn tywydd, isaf i gyd yw tymheredd yr aer o'i amgylch.

   dd Po fwyaf o amser sy'n cael ei dreulio yn adolygu, mwyaf i gyd o farciau sy'n cael eu hennill yn y prawf.

DP **DA** **7** Mae'r tabl yn dangos gwybodaeth am hyd corff a lled adenydd 6 aderyn Prydeinig.

Aderyn	A	B	C	CH	D	DD
Hyd corff (cm)	50–60	25–35	40–45	28–40	60–66	63–65
Lled adenydd (cm)	100–150	60–65	95–115	60–80	145–165	120–150

   a Copïwch a chwblhewch y tabl isod ar gyfer hyd canol y corff a lled canol yr adenydd ar gyfer yr adar hyn. Mae'r un cyntaf wedi'i wneud i chi.

Aderyn	A	B	C	CH	D	DD
Hyd canol y corff (cm)	55					
Lled canol yr adenydd (cm)	125					

   b Lluniadwch y diagram gwasgariad.

   c Disgrifiwch a dehonglwch y cydberthyniad rhwng hyd canol y corff a lled canol yr adenydd.

DP **DA** **8** Mae'r graff gwasgariad yn dangos gwybodaeth am nifer y bobl oedd wedi ymweld ag arddangosfa a nifer y llyfrynnau oedd wedi'u gwerthu yn siop yr arddangosfa bob dydd yr wythnos diwethaf.

   a Cafodd 45 llyfryn eu gwerthu ddydd Mercher.

   Faint o bobl oedd wedi ymweld â'r arddangosfa ddydd Mercher?

   b Roedd 250 o bobl wedi ymweld â'r arddangosfa ddydd Llun.

   Roedd dwywaith cymaint o bobl wedi ymweld â'r arddangosfa ddydd Sadwrn ag oedd wedi ymweld ddydd Llun.

   Cyfrifwch y gwahaniaeth rhwng nifer y llyfrynnau gafodd eu gwerthu ddydd Sadwrn a dydd Llun.

161

c   Disgrifiwch y cydberthyniad yn y diagram gwasgariad.

ch Mae Steffan yn dweud, 'Roedd y nifer canolrifol o bobl wedi ymweld â'r amgueddfa ar yr un diwrnod â phan oedd y nifer canolrifol o lyfrynnau wedi'u gwerthu'.

Ydy e'n iawn? Dangoswch sut rydych chi'n cael eich ateb.

DP

DA

9   Mae'r diagramau gwasgariad yn dangos gwybodaeth am y marciau gafodd eu rhoi i bob un o wyth teisen, A–H, gan dri beirniad mewn cystadleuaeth bobi.

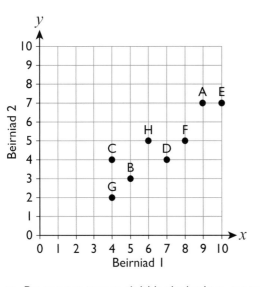

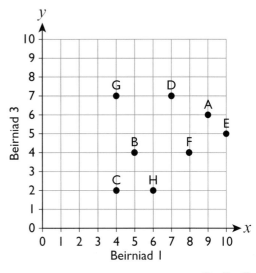

a   Pa mor gyson yw'r tri beirniad yn eu marcio? Rhowch resymau dros eich ateb.

b   Lluniadwch drydydd diagram gwasgariad i ddangos y marciau gafodd eu rhoi i'r wyth teisen gan feirniaid 2 a 3.

c   i   Disgrifiwch y cydberthyniad yn y diagram gwasgariad hwn.

    ii Oeddech chi'n disgwyl yr ateb hwn? Eglurwch pam.

Ystadegaeth a Thebygolrwydd Llinyn 2 Diagramau ystadegol Uned 6 Defnyddio llinellau ffit orau

YS **1** Mae un o'r pwyntiau yn y diagram gwasgariad hwn yn allwerth.
Copïwch y diagram gwasgariad a rhowch gylch o amgylch yr allwerth. ◐○○

YS **2** Dewiswch y term mwyaf priodol o'r rhestr isod i gwblhau pob brawddeg. ◐○○

achosiaeth   negatif   positif   rhyngosodiad
allosodiad   allwerth   dwy amryweb   tuedd

a _____ yw pan fyddwch chi'n amcangyfrif gwerth y tu hwnt i amrediad y data.

b Mae diagram gwasgariad yn cael ei ddefnyddio i ddangos y berthynas mewn data _____.

c _____ yw pâr o werthoedd sydd ddim yn cyd-fynd â'r duedd gyffredinol.

ch Dydy cydberthyniad ddim yn profi _____.

d _____ yw pan fyddwch chi'n amcangyfrif gwerth o fewn amrediad y data.

DH
DA **3** Mae'r tabl yn dangos taldra a masau deg chwaraewr mewn tîm pêl-droed. ◐○○

Chwaraewr	1	2	3	4	5	6	7	8	9	10
Taldra (cm)	177	138	184	182	180	178	176	172	170	169
Màs (kg)	114	121	119	117	116	116	115	111	108	110

a Pa chwaraewr yw'r byrraf?

b Lluniadwch ddiagram gwasgariad ar gyfer y data hyn.

c Tynnwch linell ffit orau.

ch Mae Helmut hefyd yn y tîm pêl-droed. Ei daldra yw 175 cm. Defnyddiwch eich llinell ffit orau i amcangyfrif y gwahaniaeth rhwng màs Helmut a màs y chwaraewr mwyaf trwm.

YS **4** Mae'r diagram gwasgariad hwn yn dangos pellterau a chostau naw taith ar drên.

Mae llinell ffit orau wedi cael ei thynnu ar y diagram gwasgariad.

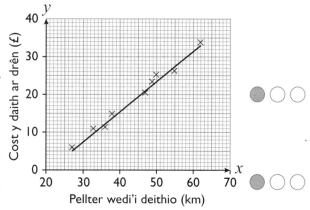

a Mae Tegid yn mynd ar daith ar drên sy'n costio £17.05 iddo. Defnyddiwch y llinell ffit orau i amcangyfrif y pellter mae ef wedi'i deithio.

b Mae Sophie yn mynd i deithio 58 km ar drên. Defnyddiwch y llinell ffit orau i amcangyfrif cost taith Sophie.

c Mae Jim yn mynd i deithio 70 km ar drên. Defnyddiwch y llinell ffit orau i amcangyfrif cost taith Jim.

DH **5** Mae'r diagram gwasgariad yn dangos nifer y camerâu traffig a nifer y dirwyon y flwyddyn am yrru'n rhy gyflym mewn rhanbarth penodol yn y DU dros gyfnod o naw mlynedd.

Mae llinell ffit orau wedi cael ei thynnu ar y diagram gwasgariad.

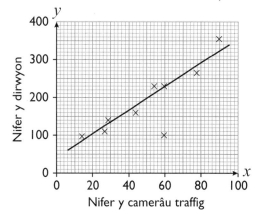

a Nodwch unrhyw allwerthoedd posibl yn y data.

b Disgrifiwch a dehonglwch y cydberthyniad yn y diagram gwasgariad.

c Mae Steffan yn dweud bod camerâu traffig yn achosi i bobl yrru'n rhy gyflym. Ydy e'n iawn? Rhowch resymau dros eich ateb.

6 Mae Ulrich wedi mesur buanedd y gwynt a thymheredd yr aer am
1 pm ar bob un o 7 diwrnod.

Dyma'r canlyniadau.

Buanedd y gwynt (x km/awr)	15.6	8.9	22.1	9.4	0.5	5.8	18.7
Tymheredd yr aer (y°C)	17.5	20.3	17.8	23.2	19.7	17.5	19.2

a Lluniadwch ddiagram gwasgariad o fesuriadau Ulrich.

b A oes unrhyw gydberthyniad rhwng buanedd y gwynt a thymheredd yr aer? Rhowch reswm dros eich ateb.

c Mae cyflwynydd tywydd yn dweud mai 25 km/awr fydd buanedd y gwynt am 1 pm yfory.

Mae Ulrich yn dweud ei fod yn mynd i dynnu llinell ffit orau ar y diagram gwasgariad a'i defnyddio i amcangyfrif tymheredd yr aer ar gyfer buanedd gwynt o 25 km/awr.

Rhowch sylwadau am ba mor ddibynadwy bydd amcangyfrif Ulrich.

 7 Mae Charlie yn ymchwilio i faint o amser mae'n ei gymryd i baent
sychu. Mae e'n cynnal wyth arbrawf lle mae'n peintio wal ac yn cofnodi'r amser mae'n ei gymryd i'r paent sychu a'r tymheredd aer cyfartalog yn ystod y cyfnod hwn. Dyma'r canlyniadau.

Arbrawf	Amser	Tymheredd
1	12 awr	3.6°C
2	6 awr	6.8°C
3	5 awr 15 munud	12.9°C
4	4 awr 30 munud	18.4°C
5	4 awr	24.1°C
6	3 awr 30 munud	28.7°C
7	3 awr 15 munud	32.2°C
8	2 awr 45 munud	35.3°C

a Lluniadwch ddiagram gwasgariad o ganlyniadau Charlie.

b Nodwch yr allwerth.

c Mae Charlie yn credu bod perthynas rhwng yr amser mae'n ei gymryd i'r paent sychu a'r tymheredd aer cyfartalog. Ydy e'n iawn? Eglurwch eich ateb.

8 Mae'r diagram gwasgariad yn dangos gwybodaeth am yr amser roedd pob un o wyth myfyriwr wedi ei gymryd i ysgrifennu'r un neges destun yn gyntaf gyda'u llaw chwith ac yna gyda'u llaw dde.

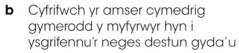

a Mary yw un o'r myfyrwyr hyn. Cymerodd 17.5 eiliad iddi ysgrifennu'r neges destun gyda'i llaw dde. Faint o amser gymerodd Mary i ysgrifennu'r neges destun gyda'i llaw chwith?

b Cyfrifwch yr amser cymedrig gymerodd y myfyrwyr hyn i ysgrifennu'r neges destun gyda'u

   i llaw chwith

   ii llaw dde.

c Cymharwch y ddau gymedr.

ch Efallai bod un o'r myfyrwyr hyn yn llawchwith. Pa fyfyriwr? Rhowch reswm dros eich ateb.

d Disgrifiwch y cydberthyniad yn y diagram gwasgariad.

9 Mae Lorna wedi cofnodi gwrthiant cydran electronig ar wyth tymheredd gwahanol. Mae'r tabl isod yn dangos y canlyniadau.

Tymheredd (°C)	10	15	20	25	30	35	40	45
Gwrthiant (Ω (Ohmau))	3575	3300	2925	2550	2125	1825	1400	1350

a Lluniadwch ddiagram gwasgariad i ddangos y data.

b Cyfrifwch

   i y tymheredd cymedrig ($\bar{x}$)

   ii y gwrthiant cymedrig ($\bar{y}$).

c Plotiwch y pwynt ($\bar{x}, \bar{y}$) ar eich diagram gwasgariad.

ch Tynnwch linell ffit orau ar eich diagram gwasgariad fel ei bod yn mynd trwy'r pwynt ($\bar{x}, \bar{y}$).

d Defnyddiwch eich llinell ffit orau i amcangyfrif gwrthiant y gydran ar

   i 22.5°C

   ii 50°C.

dd Pa un o'r ddau amcangyfrif hyn sy'n debygol o fod yn fwyaf manwl gywir? Eglurwch pam.

Ystadegaeth a Thebygolrwydd
Llinyn 3 Casglu data Uned 2
Llunio holiaduron

YS — **YMARFER SGILIAU**   **DH** — **DATBLYGU HYDER**   **DP** — **DATRYS PROBLEMAU**   **DA** — **DULL ARHOLIAD**

DH **DP** **1** Mae canolfan feddygol yn cynnal arolwg i annog cleifion i fwyta ⬤○○
pum dogn o ffrwythau neu lysiau y dydd. Dyma ran o'r arolwg.

Ydych chi'n bwyta 5 dogn o ffrwythau neu lysiau?

Ydw ☐

Nac ydw ☐

Weithiau ☐

   a Ysgrifennwch feirniadaeth o'r cwestiwn hwn.

   b Ysgrifennwch feirniadaeth o'r dewisiadau ateb.

   c Ysgrifennwch gwestiwn addas allai gael ei ofyn a rhowch flychau
ateb priodol.

DH **DP** **2** Ysgrifennwch gwestiwn, gyda dewis o flychau ateb, i ddarganfod hoff ⬤○○
lenwad pobl mewn brechdan.

DH **DP** **3** Mae Lois yn cynnal arolwg i ddarganfod barn pobl leol am bolisi'r cyngor ynglŷn
ag ailgylchu gwastraff gardd. Mae hi'n holi pobl yng nghanol y dref ganol dydd
un dydd Mawrth. Dyma'r ddau gwestiwn cyntaf.

1	Faint o wastraff gardd sydd gennych chi bob wythnos?
2	Ydych chi'n cytuno y dylai'r cyngor godi tâl am gasglu gwastraff gardd?

Gwnewch 3 beirniadaeth o arolwg Lois.

YS **DH** **4** 'Mae llai o lenwadau dannedd gan bobl sy'n brwsio eu ⬤○○
dannedd 3 gwaith y dydd.'

   a Ydych chi'n credu bod y rhagdybiaeth hon yn un resymol? Rhowch reswm
dros eich ateb.

   b Sut byddech chi'n rhoi prawf ar y rhagdybiaeth hon?

YS
DA

5 Roedd Bryn eisiau darganfod a oedd pobl yn cefnogi'r tîm rygbi lleol neu beidio.

Cynhaliodd ef arolwg y tu allan i'r clwb rygbi lleol cyn gêm. Dyma ei holiadur.

1	Beth yw eich oedran chi?
	16 i 20 ☐
	20 i 30 ☐
	30 i 40 ☐
	Dros 40 ☐
2	Pa mor aml rydych chi'n dod i gemau rygbi?
	Byth ☐
	Weithiau ☐
	Yn aml ☐
3	Ydych chi'n cefnogi'r clwb rygbi hwn?
	Ydw ☐
	Nac ydw ☐

a Eglurwch pam gallai arolwg Bryn fod â thuedd.

b Ysgrifennwch un feirniadaeth yr un o bob cwestiwn yn yr holiadur.

c Ailysgrifennwch yr holiadur i'w wella, gan gadw eich holl feirniadaethau mewn golwg.

YS **6** 'Mae pobl yn cael mwy o ddamweiniau wrth gerdded yn y stryd os ydyn nhw'n anfon negeseuon testun wrth gerdded na phe bydden nhw'n peidio ag anfon negeseuon testun wrth gerdded.'

a Ydych chi'n credu bod y rhagdybiaeth hon yn un resymol? Rhowch reswm dros eich ateb.

b Sut byddech chi'n rhoi prawf ar y rhagdybiaeth hon? Ysgrifennwch unrhyw gwestiynau gallech chi eu gofyn.

Ystadegaeth a Thebygolrwydd Llinyn 4 Tebygolrwydd Uned 2 Tebygolrwydd digwyddiad sengl

YS — **YMARFER SGILIAU**   **DH** — **DATBLYGU HYDER**   **DP** — **DATRYS PROBLEMAU**   **DA** — **DULL ARHOLIAD**

YS **1** Dyma rai cardiau. Mae siâp wedi'i luniadu ar bob cerdyn. Mae Stephanie yn mynd i ddewis un o'r cardiau ar hap.

    a Pa siâp sydd â'r tebygolrwydd mwyaf o gael ei ddewis, saeth neu galon? Rhowch reswm dros eich ateb.

    b Ysgrifennwch y tebygolrwydd mai saeth fydd y siâp.

YS **2** Mae Jasmine yn rholio dis sydd â thuedd. Y tebygolrwydd y bydd y dis yn glanio ar 6 yw 0.4.

    Cyfrifwch y tebygolrwydd na fydd y dis yn glanio ar 6.

YS **3** Mae 3 chownter lliw coch, 2 gownter lliw gwyrdd a 6 chownter lliw melyn mewn bag. Mae Yuan yn mynd i dynnu cownter, ar hap, o'r bag.

    a Beth yw'r tebygolrwydd y bydd y cownter yn

      i lliw coch

      ii lliw gwyrdd

      iii lliw melyn

      iv lliw gwyn?

    b Beth yw'r tebygolrwydd **na** fydd y cownter yn

      i lliw coch

      ii lliw gwyrdd

      iii lliw melyn

      iv lliw gwyn?

DH **4** Tebygolrwydd digwyddiad A yw $\frac{1}{3}$. Tebygolrwydd digwyddiad B yw 0.35. Tebygolrwydd digwyddiad C yw 30%.

    Ysgrifennwch y digwyddiadau hyn yn nhrefn eu tebygolrwydd. Dechreuwch gyda'r digwyddiad lleiaf tebygol.

DH **5** Mae'r siart llinell fertigol yn dangos blas a nifer y melysion mewn blwch. Mae Maja yn mynd i dynnu un o'r melysion, ar hap, o'r blwch.

a Pa flas sydd â'r tebygolrwydd lleiaf o gael ei dynnu?

b Ysgrifennwch y tebygolrwydd y bydd y blas yn flas

i mefus

ii leim.

c Ysgrifennwch y tebygolrwydd na fydd y blas yn flas

i oren

ii lemon.

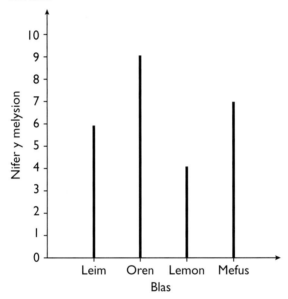

DH **6** Mae'r siart cylch yn rhoi gwybodaeth am oedrannau'r bobl sy'n gwylio ffilm mewn sinema.

Mae un o'r bobl hyn yn cael ei ddewis ar hap. Darganfyddwch y tebygolrwydd mai oedran y person fydd

a 51 oed a mwy

b 50 oed neu lai

c 31–50 oed

ch 11–30 oed.

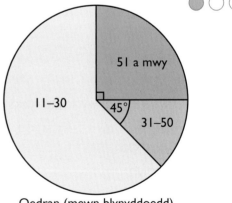

Oedran (mewn blynyddoedd)

MATHEMATEG YN UNIG

7 Mae'r diagram coesyn a dail yn rhoi nifer y bobl sydd ar bob
un o 25 taith.

1	7 7 8 9 9 9
2	1 2 3 3 3 4 4 6 6 6 8 9 9
3	0 0 1 2 2 3

Allwedd: mae 1|7 yn cynrychioli 17 person

Mae Henry yn dewis, ar hap, un o'r teithiau hyn. Beth yw'r tebygolrwydd
bod y daith hon â

a 26 person yn union arni

b 19 person neu lai arni

c mwy na 25 person arni

ch rhwng 20 a 25 person arni?

 8 Mae Katie yn dylunio troellwr teg i'w ddefnyddio yn ei gwersi
tebygolrwydd. Mae hi'n mynd i droi'r troellwr unwaith.

Copïwch a chwblhewch y troellwr ar gyfer pob
rhan o'r cwestiwn. Defnyddiwch y llythrennau
A, B ac C yn unig.
Ysgrifennwch 4 llythyren ar y troellwr fel bod
y canlynol yn wir:

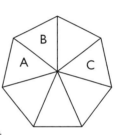

a mae'n fwy tebygol o gael A na B

b mae'r un mor debygol o gael A neu C

c mae'r tebygolrwydd o gael B ddwywaith cymaint
â'r tebygolrwydd o gael A.

 9 Mae blwch A yn cynnwys 3 bag o greision blas halen a 4 bag o
greision caws a winwns/nionod. Mae blwch B yn cynnwys 4 bag
o greision blas halen a 7 bag o greision caws a winwns/nionod.

Mae Tiny yn mynd i dynnu bag o greision, ar hap, o un o'r blychau.
Mae hi eisiau cael y siawns orau o dynnu bag o greision blas halen.
Pa flwch dylai hi ei ddefnyddio? Eglurwch pam.

  10 Mae Silvia yn cynllunio arbrawf tebygolrwydd. Mae hi'n rhoi
15 cownter lliw gwyrdd a 35 cownter lliw glas mewn bag.

a Beth yw tebygolrwydd tynnu cownter lliw gwyrdd ar hap o'r bag?

Mae Silvia yn rhoi rhagor o gownteri lliw glas yn y bag. Nawr mae
tebygolrwydd tynnu cownter lliw gwyrdd ar hap o'r bag yn 0.25.

b Faint o gownteri lliw glas gwnaeth hi eu rhoi yn y bag?

Ystadegaeth a Thebygolrwydd Llinyn 4 Tebygolrwydd Uned 3 Digwyddiadau cyfunol

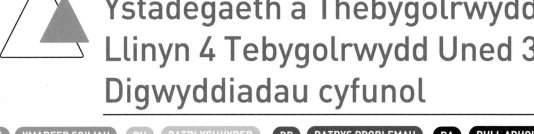

YS — YMARFER SGILIAU   DH — DATBLYGU HYDER   DP — DATRYS PROBLEMAU   DA — DULL ARHOLIAD

YS 1 Mae Nathalie yn taflu tri darn arian teg. Dyma'r canlyniadau posibl.   ● ○ ○

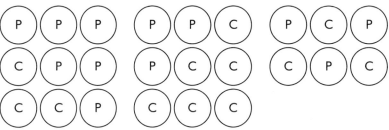

Ysgrifennwch y tebygolrwydd y bydd hi'n cael

a 3 phen

b un pen a dwy gynffon

c dau ben ac un gynffon

ch o leiaf dau ben.

YS 2 Mae Simon yn mynd i dŷ bwyta. Mae tri math o gawl a thri math o   ● ○ ○
fara iddo ddewis.

Cawl	Bara
Tomato	Brown
Llysiau	Gwyn
Pys	Brown garw

Mae Simon yn mynd i ddewis un math o gawl ac un math o fara.

a Rhestrwch bob cyfuniad posibl mae Simon yn gallu ei ddewis.

Mae Simon yn dewis, ar hap, un math o fara.

b Ysgrifennwch y tebygolrwydd y bydd e'n dewis bara brown garw.

YS 3 Dyma rai llythrennau a rhai rhifau ar gardiau.

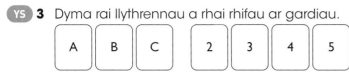

| A | B | C | 2 | 3 | 4 | 5 |

Mae Safta yn mynd i ddewis, ar hap, un cerdyn sydd â llythyren arno ac un cerdyn sydd â rhif arno.

a Un cyfuniad posibl yw (A, 2). Ysgrifennwch bob cyfuniad posibl arall.

b Ysgrifennwch y tebygolrwydd y bydd e'n dewis

   i (A, 2)

   ii B ac unrhyw rif

   iii C a rhif cysefin

   iv A neu C ac eilrif.

DH 4 Mae Wilhelm yn troi troellwr teg sydd â 5 ochr a throellwr teg sydd â 4 ochr.

	1	**2**	**3**	**4**
1	2	3	4	5
2	3	4		
3	4			
4				
5				

a Copïwch a chwblhewch y tabl i ddangos pob cyfanswm posibl.

b Ysgrifennwch y tebygolrwydd y bydd y cyfanswm yn

   i 9 yn union

   ii 7 yn union

   iii odrif

   iv 4 neu lai.

DH 5 Mae 50 myfyriwr mewn coleg. Mae pob myfyriwr yn gallu astudio Pwyleg, Cymraeg a Tsieinëeg.

Mae'r diagram Venn yn rhoi gwybodaeth am nifer y myfyrwyr sy'n astudio pob un o'r ieithoedd hyn, dwy ohonynt, un ohonynt, neu ddim un ohonynt. Mae un o'r 50 myfyriwr yn cael ei ddewis ar hap.

a Beth yw'r tebygolrwydd bod y myfyriwr hwn yn astudio

   i pob un o'r tair iaith

   ii Pwyleg yn unig

   iii Tsieinëeg a Chymraeg

   iv Tsieinëeg?

Mae un o'r 17 myfyriwr sy'n astudio Cymraeg yn cael ei ddewis ar hap.

b Beth yw'r tebygolrwydd bod y myfyriwr hwn hefyd yn astudio

  i Tsieinëeg

  ii Tsieinëeg a Phwyleg?

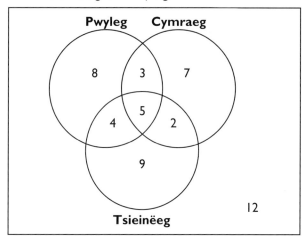

DP **DA** **6** Gofynnodd Hoeg i 59 person mewn clwb ieuenctid a ydyn nhw'n chwarae tennis neu sboncen. Dywedodd 35 person eu bod yn chwarae tennis. Dywedodd 28 person eu bod yn chwarae sboncen. Dywedodd 17 person eu bod yn chwarae tennis a sboncen hefyd.

a Copïwch a chwblhewch y diagram Venn.

Mae un o'r bobl hyn yn cael ei ddewis ar hap.

b Darganfyddwch y tebygolrwydd bod y person hwn

  i yn chwarae sboncen

  ii yn chwarae tennis, ond nid sboncen

  iii yn chwarae tennis neu sboncen, ond nid y ddau

  iv ddim yn chwarae tennis na sboncen.

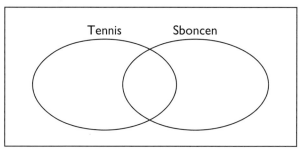

DP **7** Gofynnodd Oparbi i rai plant pa un o dair ffilm maen nhw'n ei hoffi orau. Mae'r tabl anghyflawn yn dangos rhywfaint o wybodaeth am ei chanlyniadau.

	Minions	Inside out	Wall·E	Cyfanswm
Bechgyn	14	A	8	B
Merched	C	5	D	21
Cyfanswm	20	E	F	47

a Darganfyddwch y gwerthoedd coll A–F.

Mae un o'r plant hyn yn cael ei ddewis ar hap.

b Beth yw'r tebygolrwydd bod y plentyn

 i yn fachgen

 ii yn ferch sy'n hoffi *Minions* orau?

Mae un o'r merched yn cael ei dewis ar hap.

c Beth yw'r tebygolrwydd bod y ferch hon yn hoffi *Wall·E* orau?

DP
DA **8** Gofynnodd rhywun i bob un o 130 o fyfyrwyr ddewis gweithgaredd ar gyfer trip ysgol. Mae'r tabl yn rhoi gwybodaeth am y myfyrwyr hyn a'u dewis o weithgaredd.

	Sinema	Theatr	Cyngerdd
Bechgyn	28	17	14
Merched	32	23	16

Mae un o'r myfyrwyr yn cael ei ddewis ar hap.

a Darganfyddwch y tebygolrwydd bod y myfyriwr

 i yn fachgen

 ii yn ferch ddewisodd gyngerdd

 iii yn fachgen oedd heb ddewis sinema.

Mae un o'r bechgyn yn cael ei ddewis ar hap.

b Darganfyddwch y tebygolrwydd bod y myfyriwr hwn

 i wedi dewis theatr

 ii heb ddewis cyngerdd.

DP **9** Dyma rai cardiau. Mae llythyren ar bob cerdyn. Mae Helen yn dewis dau o'r cardiau ar hap. Does dim ots am y drefn.

a Ysgrifennwch bob cyfuniad posibl.

b Beth yw'r tebygolrwydd bod S ar un o'r ddau gerdyn hyn?

Mae Jim yn dewis tri o'r cardiau ar hap. Does dim ots am y drefn.

c Ysgrifennwch bob cyfuniad posibl.

ch Beth yw'r tebygolrwydd bod S ar un o'r tri cherdyn hyn?

| C | A | R | D | S |

MATHEMATEG YN UNIG

Ystadegaeth a Thebygolrwydd
Llinyn 4 Tebygolrwydd Uned 4
Amcangyfrif tebygolrwydd

YS – YMARFER SGILIAU   DH – DATBLYGU HYDER   DP – DATRYS PROBLEMAU   DA – DULL ARHOLIAD

YS 1 Mae Hefin yn rholio dis â thuedd 350 o weithiau. Mae e'n rholio 75 chwech. Amcangyfrifwch y tebygolrwydd y bydd Hefin yn rholio chwech ar ei roliad nesaf.

YS 2 Mae Bobby yn taflu dartiau at fwrdd dartiau. Mae e'n ceisio taro canol y bwrdd. Bob tro mae e'n taflu dart, mae e'n cofnodi a yw'n taro'r canol (T) neu heb daro'r canol (H). Dyma'r canlyniadau.

H H H H T H H H H H
H T H T T H H H H H
H H H H H H H H H H
T H T H T

Amcangyfrifwch y tebygolrwydd y bydd Bobby yn taro canol y bwrdd dartiau â'i dafliad nesaf.

YS 3 Ysgrifennwch ystyr ystadegol pob un o'r termau canlynol.

    a poblogaeth   **b** sampl   **c** hapsampl   **ch** arbrawf

DH 4 Ar ei ffordd i'r gwaith, mae Heidi yn mynd trwy un set o oleuadau traffig. Dros gyfnod o 30 diwrnod, mae hi wedi gorfod stopio 16 gwaith wrth y goleuadau hyn.

Mae Heidi yn credu ei bod hi'n anlwcus gyda'r goleuadau traffig. Mae hi'n dweud, 'Pan fydda' i'n gyrru i'r gwaith yfory, mae'r tebygolrwydd y bydda' i'n gorfod aros wrth y goleuadau traffig yn fwy na 0.5'.
Ydy Heidi yn iawn? Rhowch reswm dros eich ateb.

DH 5 Mae'r tabl yn dangos nifer y gemau wedi'u hennill, gemau wedi'u colli a gemau cyfartal ar gyfer dau o'r timau mewn cynghrair bêl-law.

Tîm	Gemau wedi'u hennill	Gemau wedi'u colli	Gemau cyfartal
Stylish Snatchers	12	7	5
Golden Grabbers	18	12	10

    a Pa dîm sydd wedi chwarae'r mwyaf o gemau?

    b Mae'r *Stylish Snatchers* a'r *Golden Grabbers* yn mynd i chwarae yn erbyn ei gilydd yn eu gêm nesaf. Ar sail y wybodaeth yn y tabl, pa un o'r ddau dîm hyn sy'n fwyaf tebygol o ennill y gêm? Rhowch reswm dros eich ateb.

6 Mae Zoe eisiau darganfod y tebygolrwydd y bydd corryn sy'n cael ei ddewis ar hap yn fenywol. Mae hi'n edrych ar 5 sampl o gorynod ac yn cofnodi rhywedd pob corryn. Mae'r tabl isod yn dangos y canlyniadau.

Sampl	1	2	3	4	5
Maint y sampl	10	25	50	90	1250
Nifer y benywod	8	19	38	68	937
Amlder cymharol	0.8				

a Copïwch a chwblhewch y tabl.

b Pa un o'r amlderau cymharol hyn sy'n rhoi'r amcangyfrif gorau ar gyfer y tebygolrwydd y bydd corryn sy'n cael ei ddewis ar hap yn fenywol? Rhowch reswm dros eich ateb.

c Defnyddiwch y wybodaeth yn y tabl i ddarganfod amcangyfrif gwell ar gyfer y tebygolrwydd hwn.

DP **7** Mae Alys yn berchen ar siop goffi. Mae hi'n cynnig bisged am ddim gyda phob diod poeth mae hi'n ei werthu.

Mae pob cwsmer sy'n cael diod poeth yn gallu dewis o blith bisged ddigestif, bisged hufen cwstard neu fisged fwrbon.

Mae'r tabl dwyffordd yn dangos rhywfaint o wybodaeth am y bisgedi gafodd eu dewis gan 150 o gwsmeriaid.

	Bisged ddigestif	Bisged hufen cwstard	Bisged fwrbon	Cyfanswm
Gwrywod	25			78
Benywod		32		
Cyfanswm	37	48		

a Copïwch a chwblhewch y tabl dwyffordd.

b Amcangyfrifwch y tebygolrwydd y bydd y cwsmer nesaf sy'n prynu diod poeth yn y siop goffi

i yn dewis bisged hufen cwstard

ii yn wryw ac yn dewis bisged ddigestif.

c Mae Alys yn dweud bod gwrywod yn fwy tebygol o ddewis bisged fwrbon na benywod.

Ydy hi'n iawn? Dangoswch sut rydych chi'n cael eich ateb.

8 Mae'r tabl yn dangos mathau a nifer y teiars gafodd eu gwerthu gan siop deiars yr wythnos diwethaf.

Math o deiar	AB303	AC415	XX137	TK700
Nifer y teiars	36	27	45	58

Mae cwsmer eisiau prynu teiar yn y siop.

a Amcangyfrifwch y tebygolrwydd y bydd y cwsmer hwn yn prynu teiar TK700.

b Mae'r stoc o deiars yn y siop yn mynd yn isel. Mae'r rheolwr yn mynd i archebu cyfanswm o 1000 o deiars ar gyfer y stoc.

Faint o bob math o deiar dylai hi ei archebu?

9 Yr wythnos diwethaf, roedd 109 o bobl wedi rhoi gwaed mewn clinig. Mae'r siart bar yn rhoi gwybodaeth am nifer y rhoddwyr a'u grwpiau gwaed (O, A, B ac AB).

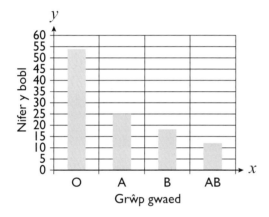

a Amcangyfrifwch y tebygolrwydd y bydd y person nesaf i roi gwaed yn y clinig â gwaed math A.

Mae cyfanswm o 980 o bobl wedi'u cofrestru i roi gwaed yn y clinig.
Mae'r tabl yn dangos gwybodaeth am nifer y rhoddion roedd y rhoddwyr cofrestredig hyn wedi'u rhoi llynedd.

Nifer y rhoddion	0	1	2	3
Nifer y bobl	175	525	170	80

b Dangoswch mai cyfanswm y rhoddion llynedd oedd 1105.

c Amcangyfrifwch nifer y rhoddion o waed math O llynedd. Eglurwch pam mai amcangyfrif yw hyn.

Ystadegaeth a Thebygolrwydd
Llinyn 4 Tebygolrwydd Uned 5
Y rheol luosi

YS **YMARFER SGILIAU** **DH** **DATBLYGU HYDER** **DP** **DATRYS PROBLEMAU** **DA** **DULL ARHOLIAD**

YS **1** Mae blwch yn cynnwys tri beiro glas a chwe beiro du.

   a Mae Celine yn tynnu beiro ar hap o'r blwch. Ysgrifennwch y tebygolrwydd mai lliw y beiro fydd

     i glas

     ii du.

   Mae hi'n rhoi'r beiro cyntaf yn ôl ac mae'n tynnu beiro glas o'r blwch.

   b Sawl

     i beiro glas

     ii beiro du

   sydd yn y blwch nawr?

   c Dydy Celine ddim yn rhoi'r beiro glas yn ôl ac mae hi'n tynnu beiro arall o'r blwch ar hap. Ysgrifennwch y tebygolrwydd mai lliw'r beiro yw

     i glas

     ii du.

YS **2** Mae bag A yn cynnwys 3 chownter lliw coch a 2 gownter lliw glas.

Mae bag B yn cynnwys 2 gownter lliw coch a 5 cownter lliw glas.

   a Copïwch a chwblhewch y diagram canghennog hwn.

Mae Catrin yn tynnu 1 cownter o fag A ac 1 cownter o fag B heb edrych.

   b Cyfrifwch y tebygolrwydd y bydd y ddau gownter yn lliw

     i coch

     ii glas.

   c Cyfrifwch y tebygolrwydd y bydd y cownter o fag A yn lliw glas ac y bydd y cownter o fag B yn lliw coch.

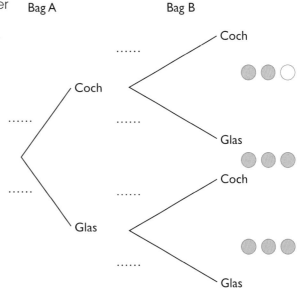

Bag A   Bag B

179

YS 3 Mae gan Wyn droellwr teg â phum ochr fel yr un yn y diagram.
Mae e'n mynd i droi'r troellwr ddwywaith.

Cyfrifwch y tebygolrwydd y bydd y troellwr yn glanio ar

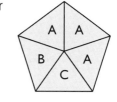

a A ac yna A

b A ac yna B

c B ac yna C.

Mae Wyn nawr yn troi'r troellwr dair gwaith. Cyfrifwch
y tebygolrwydd y bydd y troellwr yn glanio ar

ch A ac yna A ac yna C.

YS 4 Mae blwch yn cynnwys 7 o felysion lemon a 6 o felysion leim.

Mae Mair yn tynnu 2 o'r melysion o'r blwch ar hap.
Copïwch a chwblhewch y diagram canghennog.

Melysion cyntaf   Ail felysion

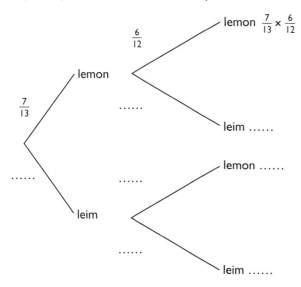

DH 5 Mae gan Delyth fag o ddarnau arian a blwch o ddarnau arian.

Heb edrych, mae hi'n tynnu darn arian o'r bag a darn arian o'r blwch.

Y tebygolrwydd mai darn £1 fydd y darn arian o'r bag yw $\frac{4}{7}$.

Y tebygolrwydd mai darn £1 fydd y darn arian o'r blwch yw $\frac{3}{4}$.

a Cyfrifwch y tebygolrwydd mai darn £1 yw'r darn arian o'r bag a hefyd y darn arian o'r blwch.

b Cyfrifwch y tebygolrwydd bod y darn arian o'r bag yn ddarn £1 a bod y darn arian o'r blwch ddim yn ddarn £1.

c Ysgrifennwch y sefyllfa sy'n cael ei chynrychioli gan y cyfrifiad $\frac{3}{7} \times \frac{1}{4} = \frac{3}{28}$.

6 Mae Tom a hefyd Simone yn meddwl am rif o 1 i 9 (gan gynnwys y rhifau hyn).

  a Cyfrifwch y tebygolrwydd bod y ddau yn meddwl am

    i 3

    ii eilrif

    iii rhif sy'n fwy na neu'n hafal i 7

    iv rhif cysefin.

  b Cyfrifwch y tebygolrwydd bod

    i Tom yn meddwl am rif sy'n fwy na 3 a bod Simone yn meddwl am rif sy'n llai na 5

    ii Tom yn meddwl am rif sgwâr a bod Simone yn meddwl am rif cysefin.

7 Mae Zoe yn sefyll dau brawf A a B.

Y tebygolrwydd y bydd hi'n pasio prawf A yw 35% a'r tebygolrwydd y bydd hi'n pasio prawf B yw 85%.

Mae'r digwyddiadau'n annibynnol.

Cyfrifwch y tebygolrwydd y bydd Zoe yn

  a pasio'r ddau brawf

  b methu'r ddau brawf

  c pasio dim ond un o'r profion.

8 Mae Dilys a Mica yn chwarae gêm. Mae angen i bob un rolio chwech ar ddis arferol sydd â chwe ochr i ddechrau'r gêm.

  a Beth yw'r tebygolrwydd y bydd Dilys yn dechrau'r gêm ar ei

    i rholiad cyntaf

    ii ail roliad?

  b Beth yw'r tebygolrwydd y bydd Mica yn dechrau'r gêm ar ei bumed rholiad o'r dis?

9 Mae Sri yn gwisgo crys a hefyd tei i'r gwaith.

Y tebygolrwydd bod Sri yn gwisgo crys gwyn yw 0.8.

Pan fydd Sri yn gwisgo crys gwyn, y tebygolrwydd y bydd e'n gwisgo tei pinc yw 0.75.

Pan na fydd Sri yn gwisgo crys gwyn, y tebygolrwydd y bydd e'n gwisgo tei pinc yw 0.35.

  a Lluniadwch ddiagram canghennog i gynrychioli'r sefyllfa. Llenwch yr holl debygolrwyddau.

  b Cyfrifwch y tebygolrwydd na fydd Sri yn gwisgo tei pinc pan fydd e'n mynd i'r gwaith yfory.

Ystadegaeth a Thebygolrwydd
Llinyn 4 Tebygolrwydd Uned 6
Y rheol adio a nodiant diagram Venn

 **YS** — YMARFER SGILIAU    **DH** — DATBLYGUHYDER    **DP** — DATRYS PROBLEMAU    **DA** — DULL ARHOLIAD

 1 Mae'r diagram Venn yn dangos gwybodaeth am nifer y myfyrwyr sy'n astudio Tsieinëeg, Japanaeg ac ieithoedd eraill mewn coleg.

Mae un o'r myfyrwyr hyn yn cael ei ddewis ar hap.

a Cyfrifwch y tebygolrwydd bod y myfyriwr hwn yn astudio

   i Tsieinëeg a Japanaeg

   ii Tsieinëeg neu Japanaeg

   iii dim ond Japanaeg.

b Cyfrifwch y tebygolrwydd nad yw'r myfyriwr hwn yn astudio

   i Japanaeg

   ii Tsieinëeg.

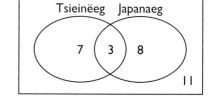

 2 a Mae digwyddiad A a digwyddiad B yn ddigwyddiadau cydanghynhwysol.

P(A) = 0.48 a P(B) = 0.37.

   i Lluniadwch ddiagram Venn sy'n dangos y wybodaeth hon.

   ii Darganfyddwch P(A neu B).

b Dydy digwyddiad C a digwyddiad D ddim yn ddigwyddiadau cydanghynhwysol.

P(C) = 0.8, P(D) = 0.5 a P(C a D) = 0.4.

   i Lluniadwch ddiagram Venn sy'n dangos y wybodaeth hon.

   ii Darganfyddwch P(C neu D).

 3 Roedd 65% o'r bobl mewn parti wedi cyrraedd mewn tacsi ac roedd 80% wedi cyrraedd mewn gwisg ffansi.

Roedd 55% wedi cyrraedd mewn tacsi ac mewn gwisg ffansi.

a Lluniadwch ddiagram Venn i ddangos y wybodaeth hon.

b Cyfrifwch y tebygolrwydd bod person sy'n cael ei ddewis ar hap wedi cyrraedd mewn tacsi neu yn gwisgo gwisg ffansi.

MATHEMATEG YN UNIG

4 Mae Giles yn gofyn i 52 person i ba un o dri siop goffi maen nhw'n mynd, os o gwbl.

Dyma'r canlyniadau.

- Mae 15 person yn mynd i siop goffi A.
- Mae 25 person yn mynd i siop goffi B.
- Mae 12 person yn mynd i siop goffi C.
- Mae 8 person yn mynd i siop goffi A a siop goffi B.
- Mae 2 berson yn mynd i siop goffi B a siop goffi C.
- Mae 0 person yn mynd i bob un o'r siopau coffi.
- Mae 0 person yn mynd i siop goffi A a siop goffi C.
- Dydy 10 person ddim yn mynd i unrhyw un o'r siopau coffi hyn.

a Copïwch a chwblhewch y diagram Venn i ddangos y wybodaeth hon.

b Cyfrifwch y tebygolrwydd bod person sy'n cael ei ddewis ar hap

   i yn mynd i siop goffi A yn unig

   ii ddim yn mynd i siop goffi B

   iii yn mynd i siop goffi A neu siop goffi B

   iv yn mynd i siop goffi A neu siop goffi C.

c O wybod bod person yn mynd i siop goffi A neu siop goffi B, beth yw'r tebygolrwydd ei fod hefyd yn mynd i siop goffi C?

 5 Mae 120 o gyfrifiaduron mewn ystafell arddangos.

Mae gan bob cyfrifiadur naill ai cerdyn fideo 5 GB neu becyn estyn RAM neu'r ddau.

Mae 86 â cherdyn fideo 5 GB.

Mae 75 â phecyn estyn RAM.

Mae Idris yn dewis un o'r cyfrifiaduron ar hap.

Beth yw'r tebygolrwydd ei fod e'n dewis cyfrifiadur sydd â cherdyn fideo 5 GB a phecyn estyn RAM?

 6 Mae blwch yn cynnwys melysion oren, melysion mefus, melysion leim a melysion lemon.

Y tebygolrwydd o ddewis un o'r melysion oren ar hap yw 0.18.

Y tebygolrwydd o ddewis un o'r melysion mefus ar hap yw 0.25.

Y tebygolrwydd o ddewis un o'r melysion leim ar hap yw 0.37.

Cyfrifwch y tebygolrwydd o ddewis, ar hap

a un o'r melysion oren neu un o'r melysion mefus

b un o'r melysion mefus neu un o'r melysion lemon.

 7 $P(A) = 0.3$ $P(B) = 0.8$ $P(A$ neu $B) = 0.86$

Dangoswch fod digwyddiad A a digwyddiad B yn ddigwyddiadau annibynnol.

DH **8** Gwnewch gopi o'r diagram Venn i ateb pob rhan o'r cwestiwn hwn.

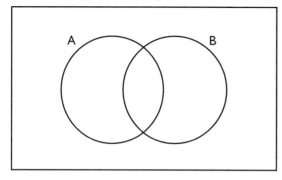

Tywyllwch y rhanbarthau canlynol.

a $A \cap B'$

b $(A \cup B)'$

DH **9** Mae gwyddonydd bwyd yn ymchwilio i frandiau gwahanol o fiwsli.

Y ddau brif gynhwysyn sydd o ddiddordeb iddi yw hadau pwmpen a hadau sesame.

Mae'r gwyddonydd bwyd yn dadansoddi 50 brand gwahanol o fiwsli.

Mae hi'n darganfod nad yw 20 o'r brandiau yn cynnwys hadau pwmpen na hadau sesame.

Mae gan 18 o'r brandiau hadau pwmpen ac mae gan 22 o'r brandiau hadau sesame.

a Dangoswch y wybodaeth hon mewn diagram Venn.

b Amcangyfrifwch y tebygolrwydd y bydd brand o fiwsli sy'n cael ei ddewis ar hap yn cynnwys hadau pwmpen a hefyd hadau sesame.

c Pam mai dim ond amcangyfrif yw eich ateb yn **b**?

DP **10** Gwnewch gopi o'r diagram Venn i ateb pob rhan o'r cwestiwn hwn.

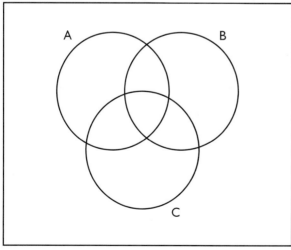

Tywyllwch y rhanbarthau canlynol.

a $(A \cap B) \cup C$ **b** $(A \cup B) \cap C'$